心理學叢書

情緒管理與人際溝通

Emotions Management and Interpersonal Communication

胡興梅、王淑俐／著

自 序

「壞脾氣」是家族遺傳，還是後天的模仿？

「不耐煩」是無法改變的個性，還是可以控制的行為？

別人對我們不好，一定要報復、以牙還牙，甚至「加倍奉還」嗎？

「恐怖情人」是特定少數，不容易碰到嗎？誰能保證，自己絕不會變成那樣？

「情緒管理」與「人際溝通」對於我們的人生，到底有多重要？有人會立刻回答：

「太重要了，做事失敗或不順利，通常是因為沒有溝通或不會溝通。」

「不擅長情緒管理或抗壓力不足，做什麼事都無法堅持，而且禁不起挫折，不容易快樂、成功。」

情緒失控，不但容易與人衝突，而且一發不可收拾；事後怎麼贖罪、懺悔，大都無可挽回。許多社會及家庭暴力事件，就因情緒管理不佳又不擅長溝通所致。

人際衝突時，有些人雖不會傷害別人，但一直壓抑負面情緒的結果，讓自己愈來愈痛苦，導致失去自信甚至自殘；或因害怕再受傷害，愈來愈不能信任別人，甚至想報復或遷怒於他人。這些後果雖不像直接暴力那麼恐怖，但破壞力仍十分強大。許多受暴者沒有及時「走出來」，以致後來成了施暴者，而且手段更加殘酷。

「預防勝於治療」，及早進行情緒管理及人際互動的教育，培養正確的觀念，練習與熟悉各種有效的抒壓及溝通方式之後。「養兵千日，用在一時」，關鍵時刻就能自我情緒控制、考慮後果，而抉擇及展現正確的行為。

情緒管理及人際溝通是教育的重點或核心，家庭及學校教育在培養學科能力時，更別忘了建立他們的中心思想及正確態度，以免「聰明反被聰明誤」。若變得高高在上、看不起人，不懂得幫助與感謝別人，輕易就與人起衝突（包括明顯與隱藏的），最後這些會如「回力槍」般重傷自己。

教育的價值在於幫助個人在成長過程中，逐漸內化正確的觀念與行為，以免「書到用時方恨少」。「先知先覺」、「無師自通」的人畢竟少數，情緒及人際溝通教育若不經由學習，大多數人可能在「不知不覺」、「懵懂無知」中犯錯，甚至鑄下大錯。大部分的人「後知後覺」，需要依靠多次練習，才能解決溝通問題及情緒困擾，阻止悲劇發生。

王淑俐

2018年1月21日

目 錄

CHAPTER 1

情緒的面貌與方向

- 與情緒共舞
- 掌握情緒的特性
- 情緒的生理基礎

自我覺察與領悟

以我而言，對於情緒有較正確的認識，是在讀碩士班時。李安德神父教授我們「輔導專題研究」的課程，他要大家先閉上眼睛，只在心裡回答他的問題，他說：

「從早上到現在，你出現過哪些情緒？是快樂的多、還是不快樂的？」

靜心回想後，我發現自己出現的幾乎都是負面情緒。早上爬不起來、擔心遲到，等不到公車的焦慮，在車上又擠得「動彈不得」，加上沒吃早餐的無奈，趕到學校後還是遲到，真是身心俱疲！最糟的是我「日復一日」如此，任自己的負面情緒「宰割」。

李神父繼續問：

「你向來都這麼不快樂嗎？要繼續不快樂嗎？」

我不得不承認自己不快樂很久了，再不改善恐怕無法擺脫悲慘的人生。我需要調整生活作息，應該提早上床、早點起床、吃早餐、早些出門。不只是「遲到」這件事，我覺得自己可謂諸事不順，而且壞事特別容易發生。為何會落入這樣的惡性循環？李神父接著的話宛如「當頭棒喝」：

「情緒是你的債權人或債務人？你知道自己的精力都耗費在情緒上了嗎？」

我確定情緒是我的「債權人」，我欠情緒的債永難還清，我的精力都耗費在情緒上了，於是我不禁自問：

「要繼續沒活力、挨罵與愧疚的日子嗎？要一直受到負面情緒的影響嗎？」

今天睡眠充足，心情很好，
工作也更順利了呢！

正向情緒

企劃被上司退回來了……
好不甘心啊！！哭完後
記得這心情，下次一定
扳回一城！

負向情緒

經理

胡鈞怡／繪

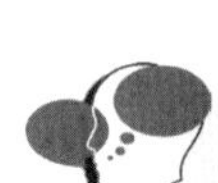

第一節　與情緒共舞

「心情」對自己或周遭的人，有多大的影響？

高興時，步履輕盈、滿面春風，頭腦特別靈光。有自信心時，積極進取、勇敢堅強，人生充滿希望。心滿意足時，輕鬆自在、食慾大開，處處充滿喜悅。愛與被愛時，花兒會笑、鳥兒會打招呼，全世界都在為你歡呼。好心情不僅使自己充滿能量，還有餘力幫助別人，容易與人相處及合作。

反之，緊張時，頻尿、拉肚子、頭痛，腦袋一片空白。生氣時，心跳加速、表情僵硬，想罵人或打人。憂鬱時，悲觀、懶得動，人生一片灰暗。怨恨時，胸悶、食慾不振，看什麼都不順眼。壞心情讓人一直想哭，使別人不敢接近你，容易與人起衝突或對立。

情緒是天使抑或魔鬼？動力抑或阻力？**其實，情緒沒有固定的面貌，好壞全由自己決定**，但做個「好決定」卻難「知行合一」。要掌控情緒不能只憑「空想」，能做到「境隨心轉」，需要一段頗長的歷程。不論是安撫自己的情緒，或幫助他人避開情緒危機，都需要正確的觀念與行動。

☺情緒新觀點

形容別人「情緒化」或「情感用事」多是負面評價，因為情緒宣洩容易導致不好的結果。我們都知道知足、諒解、感恩、平靜的好處，卻無法落實。但沒有「對的輸入」就不可能有「好的輸出」，想要豐收就得付出代價。

••●理論基本功●••

1995年《EQ》（*Emotional Intelligence*）一書出版，使大家對情緒的影響更為重視。作者哈佛大學心理學博士丹尼爾．高曼（Daniel Goleman）曾任教於哈佛大學，是《紐約時報》記者、美國《時代》（*Time*）雜誌專欄作家。他以流暢的文筆與充分的證據，將耶魯大學教授沙洛維（P. Salovey）和梅耶（J. Mayer）提出的新概念——EQ發揚光大。高曼在書中前言說（張美惠譯，1996：12）：

> 有些高智商的人事業無成，而智力平庸的反而表現非凡，這要如何解釋？我認爲答案就在本書的書名：EQ（Emotional Intelligence，稱爲情緒智商，以下內容均以EQ名之），這個新詞涵蓋自制力、熱忱、毅力、自我驅策力等。我們可以將這些能力教給下一代，幫助他們發揮與生俱來的潛能。

沙洛維及梅耶1990年發表論文，將昔日「高IQ即能成功」的信念徹底顛覆，沙洛維及梅耶認為**情緒比認知更是成敗的關鍵**。他們結合哈佛大學教育研究所教授加德納（Howard Gardner）的「個人智能」觀點，將EQ界定如下（摘自張美惠譯，1996：58，張美惠譯，2006：68）：

1.認識自身的情緒：掌握感覺才能成為生活主宰，否則即成感覺的奴隸。
2.妥善管理情緒：懂得自我安慰，能有效擺脫焦慮、灰暗或不安，就能很快走出生命低潮。
3.自我激勵：克制衝動與延遲滿足，持續保持高度熱忱，是一切成就的動力。
4.認知他人的情緒：具有同理心的人，能從細微的訊息覺察他人的需求。
5.人際關係的管理：人際關係就是管理他人情緒的藝術，例如人緣、領導能力、人際和諧的程度。

EQ定義的前三項是「處理自己的情緒」，能夠自我安撫與自我激勵，走出情緒低潮，持續及增進熱忱。**後兩項則是「覺察與管理他人的情緒」**，能夠同理別人的情緒、協助其抒解情緒困擾，與人建立良好的關係。

要「處理自己的情緒」，就得清楚自己的情緒狀態；這不如想像般簡單，有不少有形無形的阻撓。例如某些社會規範：「男兒有淚不輕彈」、「識大體」、「以和爲貴」，使得悲傷、憤怒、委屈、不滿等情緒受到壓抑，「剪不斷，理還亂」之下，陷入更沉重的無助與倦怠當中。

要「覺察與管理他人的情緒」就要體會別人的情緒狀態，這也「沒那麼簡單」。若只冷冰冰的「就事論事」、「實話實說」，等於在別人傷口上撒鹽，造成更大的傷害，破壞彼此的關係。

「個人智能」是什麼？與EQ的關聯爲何？傳統上認爲**人類智能發展以邏輯數學和語文能力為主，但這並不能完全反映個人的真實能力**。1983年，加德納在《心智的架構》（*Frames of Mind*）一書中提出「多元智能」（Multiple Intelligences）的新概念，主張人類有七種智能：語文、邏輯數學、空間、肢體動覺、音樂、人際、內省等（之後又補充了第八種——自然觀察智能，及第九種——存在智能）。這些智能可歸爲三類：

1.對象有關（object-related）：指邏輯——數學、空間、肢體——運作等智能，受個體所處環境的對象控制與塑造。
2.免於對象（object-free）：指語文與音樂這兩種智能，不受物理世界的塑造，而依據語言與音樂系統決定。
3.與人有關（person-related）：指人際（interpersonal）與內省（intrapersonal）這兩種智能，合稱「個人智能」。

「個人智能」是與人有關的智能，其中之一的「內省智能」是指能意識自己內在的情緒、意向、動機、脾氣和欲求，具體表現如下：

・能覺察並控制自己的情緒。
・遭遇挫敗時不會生氣。

‧難過失望時能自我激勵。

‧孤獨時能自得其樂。

‧能以創意突破困境。

另一項「人際智能」則是能辨識與瞭解他人的感覺、信念與意向，具體表現如下：

‧與人相處能使對方自在。

‧擅長扮演和事佬。

‧別人有煩惱時會徵詢你的意見。

‧對於解決衝突有獨特創新的方法。

‧能對弱者伸出援手。

☺情緒新任務

大多數人對情緒不夠瞭解，所以歡迎或承認正面情緒，一味逃避、否認負面情緒。負面情緒令人吃不下、睡不著、心神不寧、無精打采，揮之不去時只好不去想它，或乾脆以宿命論──「認命」來解釋自己的困境，如蔡秋鳳演唱的〈金包銀〉（作詞‧作曲／蔡振南）：

別人的性命是框金又包銀，阮的性命不值錢。
別人呀若開嘴是金言玉語，阮若是加講話，唸咪就出代誌。
怪阮的落土時，遇到歹八字。人是好命子，阮治在做兄弟。
窗外的野鳥替阮啼，人在江湖身不由己。

慶幸的是，EQ或個人智能除了有先天的高低外，還可以從後天的學習來提升。**能好好管理情緒的人，愈可能幸福與前途燦爛。**

☞情緒的故事

報載（高宛瑜，2014），二十歲的許律雯讀高中時發現自己罹患了罕見疾病「重症肌無力」，除了四肢沒力，甚至無法睜眼、吞嚥，呼吸都受影響。嚴重時需全身換血，痛得讓她「不想再做第二次」（但已經歷過三次全身換血）。她擔任社團幹部，在校相當活躍。病後雖常在醫院度過，看到親人、朋友為她哭泣時她說：「我如果難過，他們也會難過」，所以決定堅強以對。

她一直有環島的夢想，看到高雄氣爆事件，加上醫師鼓勵她「想做什麼就快去做」，使她決定從高雄高鐵站開始，以「一天一點」的方式，進行五天的環島旅行。沿路給民眾「Free Hug」（自由擁抱），並分享自己的故事——「給大家力量」。許律雯說，生病後她常思考：「我到底還能做什麼？」她體認到**不一定要有錢，才能做好事；她希望能透過自己的分享和行動，來鼓舞他人**。

有位擔任志工、有護理背景的陳思穎，自願陪許律雯完成夢想。從高雄往北走，經過台南、彰化、南投和桃園，每一站都有人到場加油、打氣。前往台南的前一天，因為豪雨一度考慮取消，但是念頭一轉還是決定不放棄，結果在雨中有人送熱茶、有人陪她們聊天。許律雯更悄悄安排回彰化老家給爸爸一個擁抱，「這好像是我們第一次擁抱，爸爸好驚喜又好害羞！旅途結束了，繼母到車站接她，一見面就給她一個大大的擁抱。

許律雯說，她其實想把大家對她的不捨、同情，轉化為「幫助別人」的力量。臉書粉絲團有很多跟她一樣年紀輕輕就生病的朋友，大家彼此打氣、鼓勵，一起面對生命的挑戰。

不想無奈、無助的過日子，日常生活可多「鍛鍊」下列事項：

- 覺察與認清自己的情緒感受（含身心變化）。
- 自我激勵，鼓起克服困境的決心。
- 克制情緒衝動，不成爲愛發脾氣的人。
- 爲了達成設定的目標，能先苦後樂、延遲滿足。

- 經常自問：「是否真正瞭解別人的情緒感受？」
- 多花時間、心力經營人際關係。
- 傾聽及協助他人消除煩惱。
- 使自己與他人預防與化解不必要的人際困擾。
- 享受獨處的樂趣，不要一直依賴別人的陪伴。

情緒管理練習

我們不可能一直留在或躲在「舒適圈」裡，「溫室裡的花朵」只會更加不堪一擊。想要擁有璀璨的人生，就一定會遭遇挫敗。難過與失望時，你如何「自我激勵」？請與大家分享一則自己突破困境的故事，並舉出其中「創意」的激勵方式。

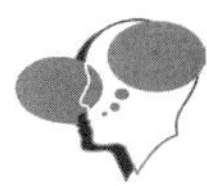

第二節　掌握情緒的特性

情緒是與生俱來的本能，無法壓抑或否認它的存在。當外在刺激超過個人習慣的範圍或適應極限，就會產生不愉快或難以控制的情緒，如：焦躁、驚慌、厭煩、苦惱、憤怒、恐懼、興奮、驕傲等。如何消除過度情緒、重新恢復心理與生活的平衡？

☺情緒的類別

天生的情緒又稱為「基本情緒」，如《禮記‧禮運篇》所說「七情」——喜、怒、哀、懼、愛、惡、欲。十七世紀哲學家笛卡兒

（René Descartes, 1596-1650）認爲基本情緒有六種——愛、恨、欲、喜、哀、羨，現代心理學家湯姆金斯（Silvan Tomkins）則提出了八種——好奇、驚訝、喜、煩惱、懼、愧、惡、怒。

幾種基本情緒一起出現合成「複雜情緒」，幾種複雜情緒混合又成更多變的情緒，如：「厭煩」（disgust）包含了厭惡（aversion）、煩惱與憤怒，「憂鬱」融合害怕、煩惱、憤怒、屈辱與罪惡感。因相混而新增的情緒愈來愈多，如：自卑、挫折、嫉妒、不安、興奮、滿足、失望、絕望、沮喪、緊張、同情、得意、羨慕、憐憫、自責、驕傲、渴望等，有時候自己也弄不清到底有何種情緒（如：百感交集），只感覺到情緒高張、激動或情緒低落、遲滯。

丹尼爾．高曼將情緒分爲八個族類，如下所述（張美惠譯，1996：318-319）：

A.憤怒：衍生煩躁、憤恨、敵意。

B.悲傷：衍生憂鬱、沮喪、寂寞、自憐。

C.恐懼：衍生焦慮、緊張、憂心、疑慮。

D.快樂：衍生滿足、幸福、愉悅、興奮、驕傲。

E.愛：衍生友善、摯愛、親密。

F.驚訝：衍生驚喜、震驚、訝異。

G.厭惡：衍生輕視、排拒、譏諷。

H.羞恥：衍生愧疚、懊悔、尷尬。

每一族類的核心爲基本情緒，而後有無數的變體，層層向外擴散（張美惠譯，1996：319-320）：

> 外圍有一圈是心情，一般而言比情緒和緩而持久。心情的更外圍是性情，具特殊性情或氣質的人（如憂鬱、害羞、樂天等）較易引發特定的情緒與心情。最外圍則是恆常陷溺的情緒障礙，如抑鬱症或不斷的焦慮。

情緒的變化由內至外，為基本情緒→心情→性情→情緒障礙；由此可見情緒的複雜及難以駕馭，處理不好即打亂生活與工作步調，破壞身心健康與人際關係。

情緒依其「方向」可分正向（positive）及負向（negative）兩類，正向或正面情緒令人愉快且希望擁有，類似「趨吉避凶」的「趨吉」，如：愛、喜、樂、羨慕、憐憫、好奇、渴望、滿足等，能增強活力或精力，使人努力向上，故稱「積極情緒」。負向或負面情緒令人不愉快且希望避開，即「趨吉避凶」的「避凶」，如：怒、哀、懼、惡、欲、恨、嫉妒、自卑、羞愧、煩惱、失望、沮喪、憂鬱、焦慮、驕傲、驚訝、敵意、不安、挫折感、罪惡感等，會降低活力與動機，故稱「消極情緒」。

正面情緒過度時，也可能變成負面情緒，如「樂極生悲」、「得意忘形」。所以順境時不要自以爲是、堅持己見，應放低姿態、多聽取別人的意見，以免迷失自我、招來嫉恨。**反之，負面情緒也可能轉為正面**，如「化悲憤爲力量」、「危機就是轉機」、「轉危爲安」、「苦盡甘來」。

☺情緒的特質

要管理情緒得先瞭解情緒，要瞭解情緒須由特質著手。情緒是先天的本能，會因後天環境的改變而複雜化之外，其他特質如下：

一、情緒發生必有原因

情緒不會無緣無故出現，必有引發的「刺激」，如：

(一)原有的刺激

指原始、先天及普遍的刺激，主要爲感官感受，如：香味、好看的東西、好聽的聲音、甜味、輕撫、擁抱等，使人愉快而想接近。反之，臭味、骯髒、尖叫、苦味、強光、痛擊等，則令人不愉快而想閃躲。「原有的刺激」引起本能的情緒反應，例如：突然或猛烈的刺激使人恐懼，遭到攻擊或挫折使人憤怒。

(二)習得的刺激

經由制約、類化及模仿而來，包括舊經驗的遷移，或新增經驗、新環境的影響等。例如：小孩子怕鬼也許是模仿自父母，或是聽了鬼故事後加上自己的想像。

(三)情境的刺激

指自尊或目標受到威脅，屬於社會性因素。例如：看到別人有傑出表現而產生嫉妒、自卑、羨慕、厭惡等情緒；與人相處和睦及彼此信賴感到幸福、滿足；與人競爭或一較高下感到嫉妒、憤怒、委屈、怨恨、敵意、猜疑等。

••●理論基本功●••

情緒的發生依個人對情緒刺激的解釋或評價而定，最具代表性的證據是夏克特（Schachter, S.）及辛格（Singer, J.）（1962）所做的實驗。實驗組注射腎上腺素，控制組注射生理食鹽水，兩組受試者都以為注射的是維他命。實驗組再分為三組：

第一組告知注射後會有心悸、震顫、臉紅及呼吸急促等反應，這些是注射腎上腺素的生理變化，故稱「正確告知組」。

第二組故意扭曲其反應，告知有雙腳麻木、全身發癢及頭痛等症狀；這些反應與腎上腺素作用無關，故稱「錯誤告知組」。

第三組不做任何說明，故稱「未被告知組」。

控制組亦不做任何說明。

每組均進入預先安排且受試者毫不知情的兩種實驗情境，當中均有一實驗助手扮演受試者。第一種情境，實驗者請受試者在一個髒亂的房間內等候二十分鐘（此為腎上腺素作用持續的時間），等維他命流入血液後再做視覺測試。實驗者離開後，房間內的實驗助手即用廢紙摺籃球、做紙飛機、打彈弓、跳呼拉圈等，表現十分愉快的樣子。

另一實驗情境，要求受試者填一份問卷，內容極具攻擊、侮辱性。實驗助手剛開始表現一無所知的樣子，繼而出現憤怒情緒，最後則撕掉問卷並離開房間。

經由單面鏡觀察及自陳問卷，受試者的情緒狀態如下：

1.實驗組的「正確告知組」，由於瞭解生理變化是注射維他命的副作用（其實是腎上腺素），所以不受實驗助手影響，沒有跟著出現愉快或憤怒情緒。
2.實驗組的「錯誤告知組」，因為無法解釋為何會心悸、震顫、臉紅、呼吸急促，所以受到實驗助手的影響，出現相同的愉快或憤怒情緒。
3.實驗組的「未被告知組」，因為不知道自己生理反應的真正原因，所以一樣受到實驗助手的影響，出現愉快或憤怒的情緒，但不像「錯誤告知組」表現得那麼強烈。
4.控制組，因為沒有任何生理反應，所以不需要從情境中找尋生理變化的線索，因此不受實驗助手的任何影響。

由此實驗可知，受試者對自己的生理反應有適當的解釋，就不會受到實驗助手的影響，也不會產生任何情緒反應。否則即會透過認知評價，從環境中找尋原因，以便對自己的生理反應做出解釋。

二、情緒表現有後續效應

情緒表現包含內在感覺與外在反應，內在感覺如：心花怒放、心如刀割、心亂如麻、如釋重負、萬念俱灰、急得像熱鍋上的螞蟻、心

中小鹿亂撞等；或籠統描述悶悶不樂、難受、痛苦等。有時內在感覺想要發洩出來，如：生氣時恨不得打對方一耳光、悲傷時想躲開人群甚至毀滅自己、快樂時想向全世界宣告。但情緒的內在感受或衝動不見得都適合顯現於外，如對父母、師長、老闆、朋友或配偶、親密愛人等感到不滿，多半會選擇忍耐或以其他間接的方式宣洩。**但壓抑過久可能遷怒無辜者或自我傷害，反而錯失解決問題的時機**。

情緒的外顯部分包含生理反應、臉部表情、聲音變化、肢體動作等，生理變化由腦部副皮質區邊緣系統的下視丘負責，經由自主神經系統表現。自主神經系統分爲交感與副交感兩部分，交感系統的神經細胞源於胸部，釋放更多能量（血液、血糖）以應付壓力；相關生理反應如：瞳孔擴張、口乾舌燥、心跳加速、呼吸急促、毛髮豎起、流汗、抑制排泄、胃部緊張等。副交感系統的神經細胞源於腦幹及薦部，可「抑制」某些生理變化，如：瞳孔收縮、呼吸減緩等，使身體感到放鬆。

情緒表達會搭配各種表情，如眉開眼笑、苦瓜臉、強顏歡笑；以及各種動作，如握拳、跺腳、擊掌、摸頭、手舞足蹈、步履沉重。**有些動作是直接的生理反射，有些是後天學來的次級反應**。例如受到驚嚇直接的反應是張口結舌、手腳發軟、肌肉緊繃，次級的反應則爲自我保護或逃跑。次級反應通常是一連串的複雜「行動」（包含言語），可能會形成習慣或人格特質。

情緒還可從聲音線索中察覺，不同的情緒在語氣、音量、音調、停頓等部分均有變化。即使同一種情緒，也會因情緒強弱而有聲音差異。這些改變有時非常細微，但仍可被感受或觀察到。

負面情緒不一定都能表現，因爲報復或攻擊會破壞人際關係、影響自我形象，所以多半傾向隱忍，甚至以相反的情緒來掩飾，長久下來即使人無法辨識眞正的情緒感受。**真實情緒不能表露會造成內在衝突，形成「表裡不一」、「內外不一致」的矛盾性格**。

三、情緒反應有很大的改變空間

情緒受到「成熟」（遺傳）及「環境」（學習）雙重影響，身心發展成熟、能夠深思熟慮之後，就會考慮**情緒是否可以表達**？**表達後有何影響或後果**？語言表達及溝通能力愈來愈強，也有更多空間及彈性調整情緒反應，也就是擁有較佳的情緒控制力。

年齡愈長、接觸的環境愈複雜，愈知道不能「自我中心」，要考慮別人的感受，以獲得「重要他人」的接納。個人成長的「小系統」（家庭、學校、同儕、鄰居）及「大系統」（歷史、文化、宗教、經濟、價值），存在著有形無形的規範或道德準則，影響情緒的表達方式。但完全依照外在規範，可能因盲從而扭曲了某些情緒，使心情愈來愈糟，連帶貶低自信心與自我價值。此時即須加強個人判斷能力，選擇或決定較佳的情緒表達方式。

情緒雖是天性，情緒反應卻多半靠後天學習。需要提升個人層次，以達「情緒成熟」的境界。如：

1.從心理層面進入道德層面，培養道德良心——以「情緒感受」（感覺好或不好）做爲個人內在獎懲的法則。從「我的感覺」及「行爲衝動」，轉變爲「我該怎麼想、怎麼做」，以主宰或控制情緒。

2.調和知性與感性，使人性發展不致偏歧。

3.勇敢面對情緒困擾，不逃避已發生的情緒問題。靠著理性與「內控」，而非爲外在世界所控制。

4.冷靜下來，減少情緒衝動及情緒爆發；「選擇」較佳的情緒溝通技巧，不傷害別人及自己。

情緒管理練習

你相信冷靜幾秒鐘、避免情緒爆發，即可能改變命運嗎？請以一個新聞事件、自己或別人的故事，與大家分享。

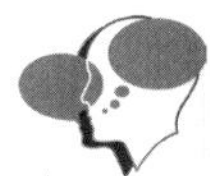

第三節　情緒的生理基礎

丹尼爾．高曼深知情緒的影響力（包含建設性與破壞性），提倡**好好駕馭情緒，才能擁有足夠的競爭力**。所著《情緒競爭力UP》（歐陽端端譯，2013）一書指出，人類大腦會對負面情緒過度反應：

> 杏仁核是大腦偵測威脅的雷達。……一瞬間它就會接管大腦其他區域——特別是前額葉皮質區，然後就出現所謂「杏仁核劫持」（amygdala hijack）的情緒失控現象（頁64）。
>
> 杏仁核只得到非常粗略的訊息，就立刻做出反應。它經常出錯，……因此我們過度反應，事後又經常感到懊悔（頁68）。
>
> 杏仁核（amygdala）位於腦的底部，屬於邊緣系統的一部分；因爲形狀類似杏仁而得名，掌管焦慮、急躁、驚嚇及恐懼等負面情緒，故有「情緒中樞」或「恐懼中樞」之稱。經由感覺器官接收到訊息，絕大部分直接傳送至大腦皮質處，經由數條迴路分析，才會產生合理的反應。另外一條資訊傳遞途徑則會經由間腦傳送至杏仁核，這種聯繫十分快速而直接，常無法做出正確而精準的處理。

面對突如其來的刺激，也許大腦皮質還在努力針對各種感官資

訊進行分析，杏仁核早已搶先用恐懼這類強烈情緒，支配身體進行快速反應。杏仁核送訊號到下視丘和交感神經系統，產生戰鬥或逃跑的反應。這種反應與理性無關，純粹是杏仁核接收資訊後的直接反射。某種層面來說，應該屬於一種保護機制，讓你在受到傷害前先做出反應。交感神經活躍，瞳孔放大，肌肉變得有力，血壓升高，心臟跳得更快。

身體機制原是爲了應付緊急狀況，但長期處在恐懼的情境下，過度緊繃就會對身體造成負面影響，造成心臟無力、心悸或呼吸不順。經常緊張兮兮也會導致焦慮不安，甚至恐慌。自律神經系統平衡運作才能保持身心平衡，若交感神經衝過頭，身體會吃不消（鄭涵文、黃文彥，2014）。

交感神經與副交感神經本是互相拮抗、相輔相成，若把交感神經形容爲油門，副交感神經就是煞車。交感神經系統運作過於頻繁或持續太久，會抑制副交感神經系統，使人難以放鬆，容易感到疲憊，失去工作創意與生活熱情。反之，副交感神經系統過度運作，也會抑制交感神經系統，使人提不起勁。精神科醫師長沼睦雄說（李璦祺譯，2016：54-55）：

> 當副交感神經占有優勢時，……會持續處於緊張與興奮感極度低下的狀況，於是無論是站立、走路或思考，都會令人倍感麻煩。只要稍微動一下就會感到疲憊，早上變得非常不想起床，連進行維持生命最基本的所需事項，都會令當事人承受不小的心理壓力。於是他們無論做甚麼都提不起勁，人變得愈來愈有氣無力，有時甚至就此陷入憂鬱狀態。

美國神經心理學家瑞克．韓森（Rick Hanson）表示（韓沁林譯，2015：41），**杏仁核也會對正面事件和感覺產生反應，但是大部分人比較容易被負面事件啓動**。過往的負面經驗，讓杏仁核更加敏感。要如何使杏仁核對正面經驗產生強烈反應，也就是「腦隨心轉」呢？韓森說：**「你的心放在哪裡，正是你大腦的主要塑形者。」**韓森說（韓沁林譯，2015：28-29）：

> 你如果一直把心放在後悔、自我批判、焦慮、抱怨別人、受傷和壓力上頭，你的大腦就會變得更過度反應，更容易因爲焦慮和心情沮喪而受傷，只會注意威脅和損失，容易生氣、難過和有罪惡感。
> 你如果不斷把心放在好的事件和狀態、愉快的感受、完成的事情、肉體的愉悦、自己的善念和好的特質上面，你的大腦就會改變，其中深植著力量和恢復力，充滿務實的樂觀態度、正面心情和價值感。

要如何留意及創造正面經驗？可由下列事項中「發現」好事（韓沁林譯，2015：143-144）：目前的狀態、最近的事件、持續的狀態、個人的特質、過去、未來、與人分享、壞事、關心別人、別人的生命、想像、直接產生、把生命視爲機會等。瑞克．韓森說（韓沁林譯，2015：92）：

> 大腦是個生理系統，就像肌肉一樣，你愈鍛鍊，就愈強壯，所以要讓吸收美好經驗，成爲你日常生活中的例行事務。一開始你必須有點刻意，但是慢慢會養成習慣。

情緒管理練習

開始刻意練習從日常生活「發現好事」，找個本子把好事記錄下來，先以每天十件開始。練習的期間要持續久一些，才能使杏仁核對正面經驗產生強烈反應，也就是「腦隨心轉」。

相關學習資源

一、電影

印度電影《史丹利的便當盒》（導演：阿莫爾古普特，2012）

推薦理由：八歲的史丹利有著豐富的想像力、語言能力與表演才華，深受同學歡迎。某天，史丹利不再帶便當盒上學，他用各種理由掩飾，同學們不但不懷疑，還願意將食物與他分享。

被稱爲「大暴君」的老師發現這件事，嚴厲指責史丹利，並「掠奪」孩子們與史丹利分享的食物。史丹利只好帶著同學更換午餐地點，最後仍被「大暴君」找到。爲了懲罰學生不願與老師分享便當，「大暴君」將史丹利趕出校園。史丹利爲了重回同學身邊，有一天帶著一個很大的便當盒到校，與「大暴君」分享。這舉動深深衝擊「大暴君」的良知，使他無地自容，並向史丹利道歉，最後選擇辭職，離開學校。

史丹利沒帶便當，是因爲父母出意外雙亡，他只能寄住在親戚家，但沒得到多少照顧，動輒被打罵。無助卻堅強的他，選擇隱瞞這一切，如此才能保有幸福的滋味與開懷大笑的權利。他選擇淡化人性的醜惡、彰顯人性的良善。這並非自欺欺人的逃避行爲，而是自我抉擇後找到生命的動力。

二、書籍

《耕一畦和平的淨土》（一行禪師，2006，台北市：商周）

推薦理由：1926年生於越南的一行禪師，是著名的學者暨和平主義者。越戰期間他被迫流亡海外，長居法國「梅村禪修中心」。創辦多所寺院，持續爲俗家眾提供禪修課程，並出版上百本書。

1960年，一行禪師獲得普林斯頓大學獎學金，赴美攻讀宗教比較學。之後在哥倫比亞大學教授佛學課程，並持續推動反戰運動，1963年回到越南推動反暴力和平運動。金恩博士曾提名一行禪師爲1967年諾貝爾和平獎候選人，且公開爲他站台，強力要求委員會頒獎給他；但此舉違反諾貝爾的傳統和協議，所以委員會那年並未頒出和平獎。

一行禪師經過越戰的嚴酷考驗，堅信從內心到家庭、社會、全世界，都必須終止暴力，絕對不以破壞性的言語，攻擊和傷害身邊的人。要做到這點，應先覺察自身的憤怒、孤立和不安，不使其累積，更要設法將其轉化。學習保持正念，以慈悲之心來說話和聆聽。

CHAPTER 2 我的情緒我做主

- 負面情緒的損失與價值
- 情緒失控的悲劇
- 情緒逆轉勝

自我覺察與領悟

「趨吉避凶」是人性本能，怕煩、怕難、怕苦、怕累，求名、求利、求成、求愛，也都是正常心理。然而，愈不想要的負面情緒，卻往往愈「揮之不去」，而想要的正面情緒反而「求之不得」。

情緒雖是自我的一部分，但不太受控，無法「召之即來，揮之即去」。快樂稍縱即逝，痛苦反而記憶深刻，無形中糾纏很久。

若無法清楚痛苦的根源，並有效抒發，終將「積『情』成疾」。「心病還需心藥醫」，若不「治療」情緒，藥物雖能暫時消除生理不適，終究無法「治本」。

以我來說，「積『情』成疾」的狀況有好多。如擔心考試成績及工作期限將屆而胃痛、頭痛，緊急事件難以處理而掉髮、圓形禿，最嚴重的一次是父親心肌梗塞住進加護病房，多日身心俱疲、忐忑不安後，我的血壓飆高及筋肌膜炎一起報到。睡不好、精神不濟、頭痛、脖子痛、背痛，還有類似恐慌發作與創傷症候群的感覺。

在嘗試多運動及飲食少鹽之後，血壓仍不穩定。疼痛的部分除了進行復健，還加上吃藥（含止痛藥），效果也不明顯。**治本之道，仍得設法在外在環境動盪中，保持內在情緒穩定。**

在醫師弟弟的努力、兄弟姊妹的同心協力之下，父親的病情終於不再惡化。我也決定「樂觀」接受爸爸嚴重中風的事實，開始「遏止」負面情緒對我的繼續傷害。每天的「情緒自療」，包括：

1. 「記錄」它而不「逃避」它：每天給自己的身心狀況（睡得好、頭不痛、精神較好等）「打分數」（由低至高為1-5分），依此判斷我對負面情緒的「控制指數」。
2. 「承認」它而不「圍堵」它：負面情緒出現時，我就「讓路」

贏了！！
校際籃球賽
贏了！！

辛苦了！感覺學姐們正式上場完全不緊張，太厲害了！
其實適度的緊張感可以提升幹勁，但太緊張就會壞事了，我只是努力去拿捏它而已！
明明賽前緊張到肚子痛......
我一定要贏！

胡鈞怡／繪

給它，以便更快「通過」。

3. 「同理」它而不「激怒」它：不仇視或與負面情緒對抗，而是同理它，相信它的出現必有不得已的苦衷，甚至是為了保護我。
4. 「改變」它而不「畏懼」它：最終還是要「氣消」才行，若不瞭解負面情緒「怎麼來」，就無法讓它「怎麼去」。

我不再依賴藥物（除了最低劑量的降血壓藥），只觀察與記錄自己負面情緒逐漸消失的狀況；大約過了兩年，大部分令人苦惱的身心狀況都消失了。

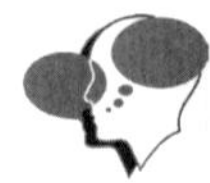

第一節　負面情緒的損失與價值

如何「看待」負面情緒？是朋友或敵人？接納或消滅？當它拖住我而且往下拖時，該放鬆或掙扎？負面情緒一定不好嗎？「置之不理」就可以不受影響嗎？刻意以正面情緒來取代，「隱藏版」的負面情緒就不會再出現嗎？

☺負面情緒引發的身體不適

情緒需要調節，因爲它會影響工作效率，產生暴力傷害（語言、肢體、精神），破壞人際關係，還會引發身體不適，必要時需專業協助與治療。

一、心理疾病方面

情緒性心理疾病或嚴重情緒困擾，會產生下列不舒服的身體反應。如：

1.焦慮症：手腳顫抖，頭痛、頸痛或腰痛，容易疲倦，頭昏眼花，呼吸不順暢，手指、腳趾發麻，胃痛、消化不良、常上廁所，顏面發熱、泛紅，不易入睡等。

2.憂鬱症：失眠、食慾不佳、肚子不舒服、頭痛、頭暈、心悸、胸悶、疲勞、虛弱、便秘、體重增加或減輕等。

3.恐慌症：頭暈、胸腔緊縮、呼吸困難、心跳加快、全身發抖、想吐、出冷汗等。有時須到醫院掛急診，以爲自己心臟病發或中風。

二、生理疾病方面

負面情緒太多，可能引發下列生理疾病：

(一)循環系統方面

1.高血壓：血壓上升是自主神經系統對抗壓力的生理反應，「大驚小怪」會使壓力變大，情緒壓抑或逃避現實，均無助於壓力抒解。

2.心臟病：絕望及沮喪感較高或性情急躁、抗壓力較差的人，較容易罹患心臟病。

3.中風：緊張忙碌、生活步調快、工作壓力大，加上飲食無節制，會使血脂肪偏高、動脈硬化、血壓異常，稍一疏忽即可能引發腦中風。

(二)肌肉骨骼系統方面

1.頭痛：緊張性頭痛或心理性頭痛是由焦慮、壓力、人際關係不協調引起，從頭頸痛起，直至前額與太陽穴，屬於悸動性頭痛，嚴重時會暈眩、耳鳴、視力模糊。

2.風濕性關節炎：長期緊張破壞了免疫系統，使關節連接處慢性發炎，持續疼痛與僵硬。從手腳開始至身體各關節，嚴重時會干擾心、肺、脾及眼部功能。

3.筋肌膜炎：壓力過大時，筋肌膜炎就容易報到。包括頭痛、肩頸疼痛至背痛。嚴重時脖子轉一轉都痛苦不堪，夜裡會痛得醒過來，白天則坐立難安。

(三)消化系統方面

1.胃痛或十二指腸潰瘍：幾乎所有腸胃系統疾病都與情緒有關，輕則口乾舌燥、食慾不振、胃痛，重則消化性潰瘍（胃潰瘍、十二指腸潰瘍）、慢性腸炎。

2.大腸激躁症：壓力大時會覺得腸胃不舒服，如脹氣、打嗝、腹痛、腸絞痛、排氣。想排便卻排不乾淨，腹瀉或便秘常交替出現。

3.厭食或暴食：若以飲食來抒解壓力，一段時間後會因肥胖而產生罪惡感，於是不敢吃或因嫌惡自己的樣子而拒絕吃東西（潛意識的自我懲罰）。

(四)其他

1.呼吸系統：情緒激動時，個體須增加含氧量以維持生理系統。這種狀況太頻繁，會持續壓迫呼吸系統，造成過度氧化現象，導致支氣管氣喘。

2.免疫系統：壓力會影響免疫系統保護身體的功能，使癌細胞不正常增生。

3.神經系統：如偏頭痛、緊張性頭痛、自律神經失調。

4.皮膚系統：如神經性皮膚炎、發癢、圓形突（俗稱鬼剃頭）、多汗症、慢性蕁麻疹、濕疹。

5.眼科：如眼睛疲勞、流眼油、視力模糊。

6.牙科：如習慣性咬合肌抽搐、磨牙。

7.小兒科：如心因性不語、夜驚、遺尿。

☺負面情緒存在的價值

身心出現問題，若忽視「真正」病因，疾病只會反覆發作。身體出現「警訊」不是壞事，是提醒我們及早「自救」。藉著處理掉頭髮、皮膚病、各種疼痛，找出問題的根源。**不僅表面上改變生活態度與方式，更要探究內心深處面對負面情緒的態度**。

一、找到負面情緒的「源頭」

負面情緒雖不受歡迎，自己痛苦之外，別人也不愛看你愁眉苦臉或拉長臉的樣子。但負面情緒仍有存在的意義與價值，要勇敢面對、理性處理、徹底解決。努力過後即使不滿意，仍可學習與「不能改變的事實」共存。若逃避它、拒絕它、拖延它，只會衍生更大的問題。

負面情緒並不是痛苦的真正原因，生氣、傷心、挫折可能是由於缺乏自信。**「低自信，高自尊」的狀態，愈來愈敏感、防衛、固執與退縮**。憤怒的「本質」可能是其他情緒，例如小時候害怕父母離異、遭遇困境時沒有得到應有的關心、遭到好友背叛、被霸凌與歧視等；**當時不能或不知如何表達害怕、寂寞、傷心等情緒，之後就以憤怒的面貌呈現**。

如果常因小錯而挨罵（動輒得咎），或長期處在冷嘲熱諷中，潛意識留下不愉快的記憶後，就會影響個人的想法、態度與行爲。曾有孩子受不了父母爭執及父親毆打母親的壓力，不由自主地拔頭髮；精神診斷這是一種衝動控制疾患——拔毛癖，確實會有滿足感及解脫感。其他如咬指甲、燒割皮膚等自殘行爲，也有類似「效果」。

憤怒的「溫和版」是不敢生氣、害怕與人衝突，轉化成更複雜的情緒，如不滿、憎惡、埋怨、對抗甚至怨恨。這樣做，表面雖相安無事，實際卻破壞了眞實的情緒與人際關係。最常見的是婆媳之間，有人說「婆媳如天敵」，因爲媳婦常被「要求」要孝順，「順」就是服從，不能有自己的意見。壓抑過久，當然不能心悅誠服，只造成假象的和平。

二、破解「滾雪球效應」

負面情緒會消耗大量精力，使人無心或無法專注讀書、工作。外表呈現出受挫力不足、抗壓性不夠，以及過於焦慮的狀態，影響自信、削弱行動，使自己愈來愈辛苦，愈來愈提不起勁。

我們不能也不應阻止負面情緒，卻要避免「累積」，有效的方法如下：

1.做其他事情以分散注意力：可做的事包括體力活動、助人、靜坐、需要專注的手工藝。
2.與人交談或向人請教：藉由「腦力激盪」打通思路，增加個人的彈性、應變力與創意。
3.設定「停損點」：以自我超越、後設認知的方式，覺察已出現的負面情緒；再以較輕鬆、幽默的方式，幫負面情緒「喊停」或「踩煞車」。讓負面情緒自由「流動」（存在）一段時間，使其不因被壓抑而糾纏不清、藕斷絲連。

生活中需設立停損點的情況很多，如工作不順利時，可自訂某個期限決定是否離職或調動單位。愛情或婚姻不順利時，可自訂某個期限選擇分手或挽回。人際關係不順利時，在停損點的期限前，要決定是停止交往或再次溝通。身體出狀況時，更要在期限前確定病情，以決定採取保守治療或動手術……。

情緒管理練習

以一個令你困擾的負面情緒來練習設定「停損點」，以真正「停止」某項負面情緒。如：「討厭」某人、「嫉妒」某人、對某人「生氣」等，如何與這些負面情緒畫清界線？

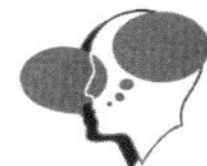

第二節　情緒失控的悲劇

情緒雖屬於自己，卻不受控制，如：

1.不斷想起過去的不愉快：對挫敗耿耿於懷，不能遺忘或放下。累積的負面情緒形成矛盾與病態，把自己擠爆或壓垮。

2.情緒表現極端：情緒表達方式兩極化，不論引爆或壓抑，都會製造更多問題，使壓力愈來愈大。

3.情緒起伏太大：性急的人沉不住氣，敏感的人易為小事抓狂，這些就是「窮緊張」、「想不開」、「情緒化」。

長大後，遇到討厭的人事物不能再「嘟嘴巴」，不能再想哭就哭、想笑就笑！只能忍耐再忍耐，等待再等待。**把挫敗當老師，把責罵當磨練，還要謝謝看輕你的人**。但又擔心委曲不能求全，過於自我

壓抑導致內傷、心理陰影，蓄積大爆發的負能量。如何眞正控制情緒、爲它找到適當的出口，不再損人而不利己呢？

感性與理性的失衡

我常以情緒失控而導致自殺或殺人的新聞事件提醒學生：「這不是虛擬情節，而是血淋淋的眞實事件，距離我們並不遠。」大多數人不相信自己會情緒失控而傷害別人，但沒人能「預知」哪天會遇到他人情緒失控而「隨機殺人」。我有位學生是游泳教練，鄭捷在捷運車廂內瘋狂殺人時，她也在車上。幸好平日訓練有素——跑得快，才逃過一劫，但心理的陰影卻讓她好久都不敢搭捷運。

情緒的故事

2014年5月，台北捷運發生一起四死、二十多人傷的殺人慘案。凶嫌鄭捷（1993年4月3日出生）經過精神鑑定：「具有不在乎社會規範及以自我為中心之反社會、自戀人格特質」。自我中心的人常有不成熟、標新立異舉動，對於他人的同理心較弱。反社會人格特質者從小就個性衝動，情緒不穩、易發脾氣，常對人暴力相向。

國中時，鄭捷曾因導師的嚴厲管教，產生刺殺老師的念頭，甚至將美工刀放在口袋長達一個月。有同學與他發生衝突，鄭捷竟持安全剪刀戳傷該同學。某男同學表示，外界都以為鄭捷個性孤僻，其實鄭捷人緣不錯，還當過班長。只是從國中到大學，每次與鄭捷聚會，他都會提到奇怪的殺人計畫。

偵訊時，鄭捷的情緒冷靜、表情冷漠，他坦承小學起就有殺人的想法，但並沒有相關的精神疾病就醫紀錄。

新北地院公告的判決書中，揭露了鄭捷的部落格文章，如〈源頭〉，透露他殺人動機的起源：

「只要有朋友被嗆，都會來找我主持公道，因為我揍女生揍得很兇，簡直不把她們當人看，踹的、搥的、打的、掃把伺候的……極盡兇殘而暴虐無道。理所當然的成為班上男生的大哥，但是班上有兩個女的惹不起，她們其中一個因為我干擾她聽音樂課，害我被老師要求當衆鞠躬道歉。當時的我恨透這兩個賤貨，就因為純粹的憤怒，所以我發誓，以後長大要殺了她們。」

另一篇〈台北夜殺〉描述在台北街頭手刃行人的場景：「身在車站人潮中，人山人海黃線後，雙足踹人月台落，捷運爆頭軌道成血泊。」〈仇〉一文中寫道：「夢境裡我曾殺妳千遍，用槍轟爆妳的嘴臉。」

鄭捷犯下殺人罪行之前，大家可能以爲他書寫殺人場景的小說只是宣洩負面情緒，不料憤恨的後座力這麼強。隨機殺人的狀況並不少見，2007年美國維吉尼亞理工大學韓裔學生趙承輝，在大學宿舍與女友爭吵，宿舍輔導老師前來勸架，他竟掏槍射殺女友及輔導老師，再闖進學校工程大樓濫殺無辜，造成三十二名師生死亡，之後他的父母也自殺謝罪（父親身亡）。

或許周遭也有這種易怒或脾氣暴躁的人，不懂如何抒發情緒，常以暴力方式宣洩，如摔東西、罵人、打人等。報載（盧禮賓，2003），三十歲徐姓男子與女友因溝通不良，在女友開車回家時，一路緊跟在後。兩車在高速公路上追逐、碰撞，造成徐男車子翻覆、傷重不治，女友也車毀人傷。

二十三歲洪姓男子因女友有意分手，遂到女友租屋處談判。兩人發生爭執後，洪男持刀砍傷女友，殺死同住的姊姊以及姊姊的兩個同學，自己也從九樓跳樓自盡（李曜丞等，2004）。

另一個就讀大三的洪姓男生，不滿女友提出分手，於是開車尾隨騎機車的女友與情敵，並從後面追撞，將兩人撞飛到快車道，再迴轉加速輾過掙扎坐起的女友致死。與女友分手兩個月來，他常到女友租屋處叫囂、騷擾，甚至打電話恐嚇。撞車事件發生的前三天，還醉酒到女友英文課的教室大吵大鬧（吳淑玲等，2008）。

由上述情緒失控的瘋狂行徑可知，**家庭及學校均需特別加強「情緒管理」教育，使其在關鍵時刻能做出正確選擇**。以小孩來說，情緒發洩可能是一種「操控行爲」。羅賓·葛薩姜（Robin Casarjian）認爲（祝家康譯，2011：40）：

> 如果三歲的小孩藉著哭鬧不休、舉止頑劣，才能獲得他所需的關注，他很可能不自覺地就此認定，唯有操控別人，才是滿足自己需求或渴望的不二法寶，如此一來他便發展出「操控者」的次人格。

不好的「次人格」未得到轉換，就會帶到成年，重複兒童時的幼稚行爲（祝家康譯，2011：40）：

> 童年的經歷越是不安、越是痛苦，成長後就越容易認同生氣、憤怒、不安、羞愧、罪惡、失望、無力感等等這些源自「恐懼」的感受。
>
> 我們挾著「不安的次人格」或「憤怒的次人格」，用那些既扭曲又狹隘的觀點與周遭的人與環境互動，久而久之，在失望和受傷時，也就只會大聲咆哮或斥責身邊的人。

「次人格」並不等於眞正的我，應設法「掙脫」（不再受制）。羅賓·葛薩姜建議（祝家康譯，2011：45）：

> 觀察自己是如何被沮喪與憤怒所困，同時體驗一下，在同樣的場景中，你仍舊可作不同的選擇。這一選擇會讓你體驗到，自己的生命絕不限於你此刻所感受到的情緒、角色或信念。

想用糟糕的情緒威嚇別人，使人因害怕而服從你（但卻一點也不

喜歡你）。爲什麼要把場面弄得如此難堪？脫困的良方是自我覺察，相信自己能重新做出對的選擇。

☺壓抑不等於控制

負面情緒不應禁止、否認或強行壓抑，以免自己麻痺而不再能察覺負面情緒，造成愈來愈緊張、害怕、自卑、消沉、生氣；甚至也降低對正面情緒的感受，以致「人在福中不知福」，永遠不能感到滿足。對於別人也變得不能「察言觀色」、「感同身受」，無法建立親密關係；或因「面和心不和」而不敢說出眞心話，錯失預防與化解人際衝突的良機。

生氣時不要冷戰、嘔氣，或以為退讓、委屈可以解決問題。工作上也一樣，若搞不清楚主管、客戶爲什麼生氣，又不知如何與他們溝通；甚至將自己與主管、客戶的衝突公諸於臉書，想得到安慰或討回公道。一旦被主管、客戶知道，必然會影響人際關係及公司形象，得不償失。

再以家庭衝突爲例，已婚女性常因父母或公婆健康問題而辭職，回家擔任照顧者的角色。導致身心俱疲、夫妻感情失和，影響兒女的成長；**還可能因極度不開心而誘發憂鬱症**。正確的做法是，冷靜地與丈夫或家人溝通，提出更適合的解決方案。例如請外傭或照護員協助長輩復健，自己繼續工作以支付費用，這樣也不影響子女成長或其他計畫（例如準備懷孕生子）。

假使丈夫或家人不悅而引發「戰火」，女性仍要耐心地繼續溝通。在性別平等觀念下，男性已不應再以「大男人主義」而推卸責任；要與妻子商量，共同找出「長治久安」、「家和萬事興」的解決策略。

☺喚起合適的情緒

控制情緒不僅在減少或緩和負面情緒，更要喚起合適的情緒。例如工作上受到上司、同事、客戶的指責（或冤枉），不要因此負氣怠職、辭職，而要設法恢復情緒穩定，繼續把工作做好（甚至做得更好）。

Siegel醫生（邵虞譯，1994）專門研究「特殊病人」——得到重大疾病而能治癒的人，發現**情緒、免疫力及癌症之間有密切的關聯**。快樂的人（對生活感到滿意）通常不會生病，與同齡者比較，重病或死亡比率只有不快樂組（對生活感到徹底不滿意）的十分之一。**沮喪、絕望對免疫系統的影響非常快，會使殘餘、原本在控制下的癌細胞再度大量增生**。Siegel醫生強調，恢復情緒的主控權，不僅在控制消極情緒，假裝不再消沉；更要停止批判，從「尋找錯誤」改為「尋找愛」：

> 如果我們能停止批判，就能夠自由的好好生活、歡笑、愛。當我們付出正面、欣喜、無條件的愛……便能達到我們的目標（頁145）。
>
> 從尋找錯誤的人變成尋找愛的人，也就是在自己以及別人的身上尋找愛（頁150）。

可惜，多數人「不見棺材不掉淚」，不到最後一刻不肯輕易改變。不少人一輩子好批判、挑剔，永遠自居「受害者」，很難感受歡笑與愛。不要等死神叩門，才驚覺自己的錯誤，**健康時就要努力成為「尋找愛、會微笑」的人**。

情緒考驗無所不在，當別人表現比我們好，如何能眞心欽佩而不

嫉妒或自卑？當別人得罪我們，如何能諒解、忍耐而不憤怒或埋怨？爆發人際衝突，如何能讓步或認錯？情緒管理就是教導人們面對自己的負面情緒，「決定」是否表達，並「找出」較佳的表達方式，以恢復心理平衡。

高EQ的人在職場上成功的機率較高，他能瞭解與支持別人的情緒，不會「自我中心」及「自我封閉」而庸人自擾。他不僅不受別人負面情緒的影響，還能將自己的正面情緒感染給對方。

高曼在《情緒競爭力UP》一書中，引用北卡羅萊納大學心理學家芭芭拉．佛列德瑞克森（Barbara L. Fredrickson）的研究成果──**「增加正面情緒，就能創造想要的人生」**，做爲實施「情緒教育」的重要建議：

> **過著富足人生的人，也就是人際關係良好，能從工作中得到滿足，或是覺得自己的人生有意義的人，他們的正面情緒與負面情緒比至少爲3：1。在最優秀的團隊中，正面與負面情緒比是5：1（頁81）。**

我進行「正面情緒日記」的實驗已經五年多了，每天記錄二十件好事，包括「給自己幸福」、「我給你幸福」各十件。「給自己幸福」的事情如：早起、排泄佳、睡得早、吃香蕉、多喝水、時間管理、學生或小組給我謝卡、快走流汗、看新書、練太極。「我給你幸福」的事情如：與家人共進早餐、誇獎某班的表現、誇獎某學生的表現、給某學生鼓勵卡片、提前改完某班作業、約某學生喝下午茶及談心事、轉介某學生接受諮商或心理治療、用心備課、買好吃的包子與朋友分享。

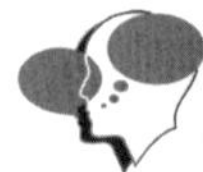

第三節　情緒逆轉勝

成功路上埋伏著許多「情緒心魔」，阻擋與動搖求勝、快樂的決心。自卑、恐懼、徬徨會造成自我懷疑與自我貶抑，若正面力量不足，就要如五月天樂團所唱〈勇敢〉（作詞／阿信，作曲／怪獸）：

> 等一天黑暗過去、苦盡甘來，人生滋味才瞭解。
> 爲著彼個將來，要自己勇敢再勇敢。

扭轉負面情緒的最快方法，是尋找楷模來激勵自己，如老師或朋友、好文章及書籍、喜歡的音樂及電影等；**「借力使力」——運用別人龐大的正能量，甚至模仿成功者的行為**。例如，到圖書館讀書時，坐在專心投入者旁邊，可以更有效率。他們很少趴下來睡覺，完全融入書中的世界。

激勵自己或他人的可行方式是，將大目標拆解成容易達成的小目標，而且多讚美（強化）「行動」，而不是「結果」（石田淳，2015：109）：

> 面對大目標時，先設定許多「小目標」，並累積許多小小的成功體驗，除了可確實地培育出「持續力」之外，對於提升孩子的自信與自我肯定感也非常有效。

不少人缺乏自信，一遇困難就放棄，他們的共通點是較少「成功的體驗」。這不代表他們從未成功過，**只是沒有機會好好認識「努力去做→因此成功→覺得非常高興」的心境轉變**。要使「成功體驗」與「正面情緒」產生連結，就要製造成功機會，另外的關鍵則是「努力去做」。

心情好或覺得幸福，可以與人分享；心情不好或不幸福，也可藉著幫助別人而扭轉心情。報載（江慧珺，2015），美國耶魯大學一項研究指出，**助人可以使人心情變好；助人次數愈多，情緒愈正面**。三軍總醫院精神醫學部主治醫師毛衛中說，若成功的幫助他人，對方致謝時會增加正向力量、減少負面情緒。台安醫院精神科主任許正典也說，助人就是正向思考，對方感謝的回饋，會刺激大腦分泌多巴胺，使前額葉驅動愉悅情緒，血清素濃度也會增加。助人不一定要做大事，許多小事都能讓人產生正向情緒與增加心理能量。

理論基本功

心靈自助暢銷書《祕密》（*The Secret*）（謝明憲譯，2007），是澳大利亞電視製片人、作家朗達．拜恩（Rhonda Byrne）所編寫。她集合許多信奉「吸引力法則」之成功人士的論述，加上生花妙筆，散播出無敵的「正能量」。該書雄踞《紐約時報》暢銷書排行榜榜首，長達一百四十六週，全球售出一千五百萬本。書中聲稱：無論你想什麼，宇宙就會給你什麼，你能「吸引」到你所想的東西。

吸引力法則雖缺乏證據，但因「投資報酬率」高，多數人「寧可信其有」，拚命發揮想像力以完成夢想。若想來想去仍達不到目標（減重、賺錢、升遷、金榜題名），書中說：是因為你想得不夠、你腦中還有太多消極想法，或你沒有給宇宙足夠的時間實現願望。

心理學家鼓勵「積極思考」，因為它確能帶來快樂，但其實效果有限。**只有「想法」並不能解決現實問題，反而導致不努力**。要實現願望，還是得提升各方面的能力、堅定做事的態度。「空想」或「強迫式思考」，是不負責任及幼稚的行為。

「心想事成」不是必然的，因為每個人的內心方向已成「慣性」，不同的人即使做出相同的決定，結果仍然差異很大。積極進取者很快就能見到效果，例如有人決定減重，就天天去游泳池或健身房報到，很快即能減去可觀的重量。但多數人消極懶散，無法擺脫「舒適圈」，不能持續做正確的事；三天減肥、兩天復胖的結果，只會更加沮喪與悲觀。

「心想」與「事成」之間，有段很長的道路；包括：多請教或觀摩別人怎麼做、接受嚴格訓練、執行及修正計畫、面對及接受挫敗、堅持到底、絕不放棄。若想功成名就，絕不能僅達門檻，還要面面俱到、物超所值。這些都需要花費許多心思、勞動許多肌肉、留下許多汗水及淚水。如蘇打綠樂團的歌曲〈十年一刻〉（作詞‧作曲／吳青峰）：

可能忙了又忙，可能傷了又傷，可能無數眼淚在夜晚嚐了又嚐。
可是換來成長，可是換來希望，如今我站在台上和你一起分享。
十年的功聚成燦爛，那一分鐘的夢。
生命舞台發光的人，絕不是只會說。

若只「羨慕」別人的家世、頭腦、外表、運氣，「怨嘆」自己不是富二代、遺傳基因不好、懷才不遇，久之就會情緒失控。**想要多點幸福、快樂，就得多點「付出」**。如想要挺拔的身材就得勤運動，想要學有收穫就得多讀書，想要創業就得多嘗試、磨練，想要體會「幸福的晨光」就得早起。

☺禍福自招

孟子曾提醒君王，不可在太平無事時就享樂、怠惰，這是自找禍患。孟子強調：「禍患和幸福都是自己找來的，如詩經上說：『永久配合著天命，自己去尋求各種幸福。』書經太甲篇說：『上天造成災禍，還可以逃避；自己造成的災禍，那就活不成了。』」（「禍福無不自己求之者。詩云：『永言配命。自求多福。』太甲曰：『天作孽，猶可違；自作孽，不可活。』」——公孫丑上‧第四章）

要真正的快樂平安，就得學著「面對」不想要卻必須接受的事，

例如某些課業、家事、工作。**更進一步將「必須做卻不喜歡」的事，變成「必須做也喜歡」**。人長大了，就該學著爲別人著想，面對不喜歡的事也能平靜的做完。試試看**「抱持高興的態度去做不喜歡的事」**，結果會如何？如果這件事很重要，而且要跟別人合作，一直擺臭臉或露出不耐煩的表情，別人也會受到影響，事情就不會順利進行。

盡量不懷著抱怨、煩躁的心態做事，可能比較不會分心，也不會壞了心情。一旦壞了心情，就會惡性循環，影響到其他事情。抱持高興的心情完成不喜歡的事，成果可能比煩躁的心情來得好。每件事情都有它的意義，可能是增進自身的能力或考驗自己的毅力。**從不喜歡的事情中找出正向的部分，不僅讓自己心情更愉悅，也能獲得成長。**

對於「人」也是一樣，可惜人們對不喜歡的人大都不肯讓步或修正自己，不能冷靜與理性溝通，弄得雞犬不寧、兩敗俱傷。對於親密的家人、情人尤其要注意，若不考慮對方的感受而隨意說話，再怎麼彌補仍會留下裂痕。

以讚美與激勵來對待別人，對方愉快則自己也能同等受惠。如密西根大學心理學系畢業的湯姆．雷斯（Tom Rath）與外祖父唐諾．克里夫頓博士（Donald O. Clifton）合著《你的桶子有多滿？》一書，提出的「水桶與杓子理論」：

> 每個人都有一個無形的水桶，桶裡的水不斷增減，端視別人如何對待我們。水桶滿溢時我們會心情愉快，乾涸見底則令人沮喪。每個人也都有一支無形的杓子，當我們加水到別人桶裡——以言行爲別人增添正面情緒，也會讓自己的水位高些；反之，如果你用杓子舀別人的水——亦即你的言行有損別人的正面情緒，自己桶子裡的水也會跟著減少。

水桶裡的每一滴水，都讓人堅強、樂觀；空空的水桶，則使人悲觀、頹喪。最受歡迎的同事，「有團隊精神、樂於助人」。除了克盡己責，也常關心同事及主管，不吝提供自己的服務，並時時鼓勵及讚美夥伴，創發他人的正面情緒。

工作上要面對各式各樣的人，不可能只跟熟悉的人溝通。職場上的溝通問題很多，例如被責罵、冤枉或惡言相向。但不能選擇躲開，與某些人保持距離，甚至不相往來。**若無法與上司、同事、客戶有良好的溝通，必將處處碰壁、懷才不遇**。尤其是新進員工，除了應該尊敬上司，與同事更要培養默契。若不尊重前輩，就不會有人願意教導你，出錯時也不會有人支持你。**工作完成或受到讚揚時，千萬不要忘了感謝前輩與主管**。

主管都希望員工有團隊精神，不因自己的問題而加重別人的負擔。職場變化大，許多狀況都是第一次出現，要多請教有經驗的同事或前輩，然後擬出若干問題解決方案請主管裁示。

情緒管理練習

不論打工或正職，你是否能體察上意、善解人意？你是否能言善道、積極進取？你是否能承受上司或顧客的糾正？你是否能禁得起挫敗，而非很快就想離職？

相關學習資源

一、電影

日本電影《令人討厭的松子的一生》（導演：中島哲也，2006）

推薦理由：小時候，松子有個生病的妹妹需要特別照顧，所以她想得到父母的關愛非常困難。雖然她奮發用功而當上老師，但後來卻被開除。松子的人生愈來愈悽慘，離家出走、落入風塵、殺人坐牢、當黑道小弟的女人、成爲妓女……。

尤其在愛情方面，她總是全心全意付出，卻一次次的被傷害。最後連她想要回家，都遭到父母拒絕。窮途潦倒的松子，徹底失去對人的信任，在公寓中隨意棄置垃圾，夜晚大聲喊叫，其他住戶都以「令人討厭的松子」稱呼她。最後她死得不明不白，在公園被流浪漢與不良少年攻擊，結束了五十三歲的人生。

松子終其一生都在追求愛，藉由別人的愛確認自我的價值。所以她配合男人改變自己，以爲這樣能留住男人。明知最後會走向毀滅，仍然義無反顧。松子的生命價值觀讓你我也可思考：**「幸福到底是什麼？」**

二、書籍

《心靈療癒自助手冊》（黃孝如譯，2014，Christopher Cortman、Harold Shinitzky著，台北市：天下文化）

推薦理由：這是兩位非常有經驗的臨床心理學家及心理治療者合著的自助式心理治療手冊。明確及詳盡地告訴我們有關情緒的十個眞相，如：辨識情緒、改變想法及瞭解情緒、每種行爲背後都有某種目的、破除心理障礙、行爲需要認可、用心經營有限的情緒能量、維持人際關係端賴增強自我力量、設下自我界線以防禦他人的情緒傷害、讓他人做自己、學會放下。使每個人都可找到屬於自己的方法，使情緒管理的層次向上提升。

CHAPTER 3 克服情緒困境或低潮

- 壞脾氣的危險
- 誰能理解「躁鬱之心」？

自我覺察與領悟

七歲時，父親因案入獄，年輕的母親頓失經濟及精神依靠，拋下四個兩歲到八歲的孩子出走。父親出獄後除了失業、失去健康，也失去完整的家。但四張嗷嗷待哺的小嘴提醒他：「不能陷溺在傷痛中，有許多重要的事要做。」

父親打零工、當基層公務員養大我們，但錢總不夠用，他教我們「人窮志不短」、「自立自強」。高中以後，不僅自己的花費要自己賺，更要「有難同當」——幫助家人。最後，我們四人都擁有足以謀生的學歷與能力，手足關係非常緊密。

年輕人常因人生歷練不足而憂愁，其實大多是被誇大的小事。年紀漸長反而不再煩憂，因為更能體會眼前的幸福多麼珍貴（不論多麼微少），而非理所當然。如南宋詞人辛棄疾所寫〈醜奴兒〉：

少年不識愁滋味，愛上層樓，愛上層樓，爲賦新詞強説愁。
而今識盡愁滋味，欲説還休，欲説還休，卻道天涼好個秋。

憂愁的「量」能控管嗎？只要小小的憂傷，不要影響正常生活，可以嗎？憂愁能像一陣風「說來就來，說走就走」嗎？如果真是這樣，就不會有人鎮日憂愁，如《紅樓夢》多愁善感的林黛玉，最終因賈寶玉娶薛寶釵而心碎身亡。

近年來，金融海嘯造成經濟衰退，許多人擔心失業。若不能未雨綢繆，如：加強專業（在職進修），培養第二、三專長，成為「多職人」——同時從事幾份工作，則難逃失業厄運。

已經失業若還放不下面子、身段，有苦說不出、強顏歡笑，不敢或不願意求助。除了壓力得不到抒解之外，戴著假面具、「自欺欺人」的過日子，將使身心更加沉重。

我被人家甩了……怎麼辦……
我好恨自己也好恨她……

兄弟！今天我請客，
把一切不愉快說
出來吧！

去吃飯，然後去唱歌吧！
不要把一切都放心裡了！

胡鈞怡／繪

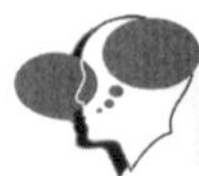

第一節　壞脾氣的危險

如果你挑選男／女朋友，長得很帥或很美，但脾氣（性情）不好，你會如何取捨？出自名校但脾氣（性情）不好，你會如何取捨？薪水很高但脾氣（性情）不好，你會如何取捨？**脾氣（性情）不好，真的會影響未來的幸福嗎**？

依此類推，如果你是老闆，在下屬的脾氣與才幹不能兩全之下，要如何取捨？寧願有才幹而壞脾氣嗎？如果你是下屬，跟老闆發脾氣、撕破臉、沒有台階下，還能爭取到權益嗎？**能因為「嚥不下這口氣」而不考慮後果嗎**？

☺五成用路人是「路怒族」

在路上開車，如果其他車子的駕駛惡意逼車、隨意變換車道、超車，你會生氣甚至加快追上、跟他「理論」嗎（或直接大打出手）？台北市立聯合醫院松德院區精神科醫師劉宗憲公布「2014年台灣路怒大調查」結果，**約五成用路人是潛在「路怒族」，再嚴重即成「路怒症」（Road Rage）**。開車上「路」就會暴怒，塞車就破口大罵、狂按喇叭，遇到車開得比他慢就罵「不會開車」，比他快就說「趕去投胎」。

「路怒症」的成因不單是塞車，更多來自心理壓力。快節奏的生活中，一點小摩擦就讓人情緒爆發。開車時生氣，很可能釀成無法挽回的悲劇。所以開車時可聽節奏慢的音樂，放一張全家福照片提醒自己家人的叮嚀，或放個小枕頭、絨毛玩偶等，在需要時可以揍它一拳。

「路怒症」的情緒爆發類似「遷怒」，**令你憤怒的對象可能是你**

不敢反抗的人，例如主管給業績壓力或有人盛氣凌人。愛發脾氣的人常自以爲「據理力爭」，結果是別人只記得你的「壞脾氣」，卻忘了你堅持的「道理」。不肯妥協、讓步，「橫衝直撞」的結果常是兩敗俱傷。發脾氣後造成的傷害，不是幾句道歉或懊悔就可挽回，例如下列這則恐怖情人的新聞。

情緒的故事

2014年9月，在一個颱風過境、風雨未歇的清晨，街頭上演一齣血腥悲劇。二十九歲台大畢業生張彥文砍殺前女友（二十二歲）四十七刀，六刀為致命傷。

之前兩人發生爭執時，張彥文曾打女友巴掌，還強行性交，以手機拍攝女友裸照。張彥文與女友吵架時曾以「殺全家」為威脅，讓女友心生恐懼。女友希望結束男女朋友關係，張彥文卻侵入她的住宅，恐嚇女友若要取回裸照須再一次性行為。

張男認為自己在她身上花了不少錢，加上懷疑她與別人交往，要求她復合又一再遭拒，這些都讓他愈想愈氣。決定學習鄭捷，到超市買刀行凶。

張彥文庭訊時表示，高中就罹患「暴怒症」，無法控制情緒。他非常後悔殺死前女友，表示「願接受最嚴厲的制裁，餘生為錯誤行為負責，對不起死者、死者家屬與自己父母」。

台北地院一審判處張彥文無期徒刑，褫奪公權終身。合議庭認定沒必要處以極刑，主要認為張彥文智力偏高，過去生活在家庭暴力陰影下，以父權態度與林女相處，因生存意義所在的親密關係被破壞，才出現自責、憤怒。如果可以控制殺人因子，仍有教化可能。

也就是說，張彥文的暴怒是他無法控制的，如童年的受虐、受暴經驗（包含目睹），導致他受到某些刺激即會暴怒。法庭認為張彥文受到家庭暴力及父權兩部分的負面影響，透過教育可以改善或調整。台灣高等法院以張和被害家屬和解（張的父母答應賠償林女父母1,261萬元）、未來再犯性低，改判張二十一年六個月有期徒刑（本案仍可上訴）。

「暴怒症」全名「間歇暴怒障礙症」（Intermittent Explosive Disorder），精神科醫師陳豐偉指出（2015），過去精神醫學界把「間歇暴怒症」視爲罕見精神疾病；但近十年累積的研究認爲，「間歇暴怒障礙症」的盛行率不低。**暴怒是指當事人遇到威脅、危險或挫折，突然爆發的強烈衝動行為**；對自己、他人有肢體或口語暴力，強烈程度超過合理範圍。造成自己或他人莫名的身體受傷，嚴重破壞人際關係、妨礙彼此的互動。

「間歇暴怒障礙症」除有強烈的體質因素外，也跟童年受虐、受暴經驗有關。人際衝突的壓力是暴怒的常見原因，如：被輕視、受譏諷、遭責罵等。除了學習「情緒與壓力管理」，有時也需藥物控制。如果未接受治療，通常會持續超過十年，變成一輩子的問題。

·•●理論基本功●•·

一、間歇暴怒障礙症

依《精神疾病診斷與統計手冊》第五版（簡稱DSM-5），「間歇暴怒障礙症」的標準為（頁220-221）：

1.反覆出現下列任一行為爆發的表徵，顯示無法控制的攻擊衝動：

(1)在三個月中，平均每週有二次的言語攻擊（例如：發脾氣、長篇攻擊的話語、語言爭執或衝突）或對擁有物、動物或他人的肢體攻擊。此肢體攻擊並未造成擁有物受損或破壞，也未造成動物或他人的身體傷害。

(2)十二個月中有三次的行為爆發，造成擁有物受損或破壞，及／或造成動物或他人的身體傷害。

2.此反覆爆發的攻擊性強度，整體上與刺激事件或促發的社會心理壓力強度不成比例。

二、對立反抗症

與「間歇暴怒障礙症」接近的是「對立反抗症」（Oppositional Defiant Disorder），依《精神疾病診斷與統計手冊》第五版，徵兆包括（頁219）：生氣／易怒情緒、好爭辯／反抗行為或具有報復心的行為模式至少持續六個月，呈現下列症狀至少四項，且至少在與一位非手足者互動中顯見。

1.生氣／易怒情緒（angry/irritable mood）：
 (1)經常發脾氣。
 (2)經常是難以取悅的或易受激怒的。
 (3)經常是生氣的與憤慨的。
2.好爭辯／反抗行為（argumentative/defiant behavior）：
 (1)經常與權威者爭辯，或於兒童及青少年則是與成人爭辯。
 (2)經常違抗或拒絕服從權威者的要求或遵守規則。
 (3)經常故意去惹惱別人。
 (4)經常將自己的過錯與不當怪罪於他人。
3.有報復心的（vindictiveness）：過去六個月中至少有二次懷恨或報復的行為。

三、侵擾性情緒失調障礙

另外，DSM-5新增「侵擾性情緒失調障礙」（Disruptive Mood Dysregulation Disorder, DMDD），是由兒童情緒障礙轉移而來。

侵擾性情緒失調容易發生於七到十四歲的青少年，後天因素是造成此疾病的危險因子。在物質滿足環境下長大、沒有受過挫折的孩子，是高危險群。這類青少年的問題若不妥善治療，長大後罹患憂鬱症的機率非常高。此症以心理治療為主，大腦神經可透過訓練加強連結，讓患者學習控制情緒。但人助也要自助，**青少年應少打電玩多運動，運動可培養耐心，有助大腦分泌神經滋養因子，可修復腦細胞、降低易怒情緒**。

三軍總醫院精神科醫師葉啓斌有一名「侵擾性情緒失調障礙」的病患（高三女生），因感情因素而在教室翻桌、衝撞教室的門；同學關心她，也惹來一陣怒罵。她無法控制自己易怒的情緒，曾因情緒失控而割腕。在過去這種行爲常被診斷爲躁鬱症，但葉啓斌對台北市七百名高一新生調查後發現（黃文彥，2012），約10%學生符合「侵擾性情緒失調」的特徵。病患大腦「情緒中樞」的杏仁核喪失察言觀色的能力，無法察覺對方是否生氣，容易導致人際衝突。葉啓斌說，最近新聞中的校園霸凌、情殺等社會事件，都可能是「侵擾性情緒失調」所造成。

☺憤怒的轉化

怨恨、憤怒的積累會造成「冤冤相報何時了」的悲劇循環，還會轉化爲其他更難梳理的情緒，如嫉妒、厭惡、內疚、羞愧、自卑、懊惱、後悔等。以「嫉妒」來說，前奏曲或隱藏版是「羨慕」，看到別人有好條件或好表現，暗自期待自己也有類似成果。當期望落空時，羨慕就變質爲嫉妒，心理及說話都「酸溜溜的」，若不能及時「放下」或「替換」，就會不由自主地「詛咒」對方變窮、變醜、失敗、離婚等。覺察到自己有上述壞念頭，又會感到不安及罪惡。**嫉妒之毒使人變得好批判及潑冷水，生活重心變成討厭別人，嚴重影響自信心及人際關係**。

嫉妒別人是衡量幸福的標準出了問題，忘了自己也有別人缺乏的長處。「人比人氣死人」、「比上不足，比下有餘」，條件或處境比我們好的人很多，都要「追趕」或暗自生氣、自卑，痛苦將「沒完沒了」。比我們差的人也不少，應知足、惜福。若控制不了這種有毒情緒，輕則與人相處不睦，重則「遷怒」無辜者。

情緒的故事

2013年發生一起震驚社會的殺嬰案，三個月大女嬰死亡，竟是親伯母所為。她五度在姪女奶粉中摻鹽，前三次只摻一個手掌（約三十公克），造成女嬰高燒住院治療。女嬰出院後，她竟持續加鹽，導致女嬰高血鈉症、多重器官衰竭而死。

伯母因女嬰的母親嫁入夫家，被迫遷到附近租屋而心生怨恨。伯母是長媳，家事全落在她身上，加上公公婆婆偏袒剛出生的姪女，愈想愈不甘心。又受不了女嬰的母親多次責罵自己的小孩，家中陸續發生孩子衣服被剪破、布偶遭人丟棄等不明事件，她懷疑是女嬰母親所為，心中的不滿及猜疑日增。合議庭認為嫌犯不用理性的方式化解妯娌心結，竟報復在毫無抵抗能力的嬰兒身上，判她二十年徒刑。

伯母會這麼做，從精神醫學角度解釋不難，接近「對立反抗症」。在嫉妒、憤怒、怨恨等情緒未達心理疾病或犯罪之前，應如何「踩剎車」改以較好的方式來解決？若能及早向丈夫「傾訴」或「討論」，向公婆、妯娌「詢問」或「商量」，可能就不會累積那麼多有毒情緒，釀成不可收拾的悲劇。

☺如何控制壞脾氣？

依《辭海》解釋：「好惡之偏者爲脾氣，忿懥不正者爲發脾氣。」「忿懥」指憤怒，「發脾氣」就是：「因事情不如意而生氣發怒。」（《教育部重編國語辭典》）

有修爲的人能體會「控制脾氣」的價值，只要「緩一緩」，就比較不會攻擊他人。如：

證嚴法師說：「心地再好，嘴巴、脾氣不好，仍不算好人。」

德雷莎修女說：「人最大的缺點——壞脾氣。」

泰國傳奇人物白龍王（專門爲人消災解厄）說：「要決定前途好不好、事事好不好，最重要的是要有好脾氣。讀書讀得高就好，脾氣高就不好。」

《聖經》說：「快快的聽、慢慢的說、慢慢的發怒。」（雅各書）、「不輕易發怒的大有聰明，性情暴躁的大顯愚妄。」（箴言）、「暴怒的人挑起爭端，忍怒的人止息紛爭。」（箴言）。

若擁有更高層次的目標，也不會動輒生氣或攻擊別人。如香港首富李嘉誠說（王祥瑞，2011：97、99）：

每一個成功的企業家，都具有控制情緒的能力，一般人不能忍受的譏諷、挫折、怨恨等，成功的企業家卻可以忍受下來。

面對不客氣的客人，依舊客客氣氣，繼續保持最有禮貌的態度，獲得他們的信任，甚至滿足了顧客發洩情緒的需要。

說出尖銳、刻薄的話，會傷到對方自尊。出手傷人展開報復，會製造更大的人際裂痕。所以，林肯說：「三緘其口，讓人以爲是個傻瓜，勝過快人快語，教人一眼看穿。」

受到威脅、攻擊很難冷靜，有何絕竅可較快控制怒氣？《Cheers快樂工作人雜誌》於2012年專訪創新工場董事長李開復，他說：

需要依靠自覺和自制。自覺的人理解喜怒哀樂的宣洩會造成何種結果；自制可以提醒自己不要落入惡劣態度的陷阱。

福田健所著《日本溝通大師教你生氣的技術》當中說：「生氣也是一種溝通方式」（林雯譯，2015：64），想冷靜地發脾氣，要注意下列幾件事（頁65）：

1.判斷要用生氣還是不生氣的方式來解決問題。

2.若要生氣，弄清楚對眼前的人應採取何種生氣方式。

福田健發現「現實生活中，生氣尚未成為穩定、普遍的溝通方式；而**生氣沒有達成效果，是因為只顧著自己發火而忽略傾聽。**」（頁71）對於某些人可能不適合怒氣以對，如無論怎麼說都不改變、愈說他愈固執、不知會說出什麼話的人（頁88）。「氣話」也要準備，因為「氣話」通常沒「好話」。傷人的話脫口而出，後果將難以收拾。所以，正確表達生氣的方法是（詳參頁131-152）：

1.先表示接納、肯定對方。
2.想辦法使對方容易理解自己的憤怒。
3.看著對方的眼睛說話。
4.發脾氣前試著將憤怒書寫下來，這樣可以有更好的表達，不會情緒爆發。
5.再怎麼生氣仍不能說傷人的話，如批評對方在意的弱點（身材、學歷）或重視的人、自豪的事。

面對生氣的人，「聆聽」是非常重要的，此時要注意（頁196）：

1.看著對方的眼睛，以眼神表示理解與回應，表示「我想聽」。
2.態度平和，才不會使對方焦躁，較可能平息對方的怒氣。
3.點頭附和，表示仔細聽及有共鳴。

若不能以正確方式接收憤怒，怒氣會愈來愈高張，溝通也愈來愈失焦。傾聽能讓生氣的人充分表達情緒，怒氣漸漸平息，才能真正解決問題。針對你想逃避的人（老闆、老媽、老師），嘗試在他們說話時看著他們的眼睛、不時點頭表示贊同，必要時做筆記或請他再說一次、多講一些。**「多聽少說」，特別是要避免自己也生氣，看看結果會否不同**？

情緒管理練習

找一個你對他感到生氣的人（不論是明顯或隱藏），寫一封信給他（當然不會真的寄出去）。藉此思考如果「面對面」要怎麼說，料想對方可能有哪些表現。也許以前沒做過這個練習，所以才不能達到期望的溝通效果。

第二節　誰能理解「躁鬱之心」？

「處變不驚，莊敬自強」，不僅是舊時代的口號，在今天也是救命仙丹。人的潛能就是在這種時刻「不鳴則已，一鳴驚人」，哭鬧、驚慌都沒有用。

情緒的故事

2008年7月，國內三大證券商之一——寶來證券總裁白文正，因寶來投信疑似掏空遭送法辦，加上他在交通大學的榮譽博士學位取得之正當性也受質疑；於是他隻身飛往澎湖，跳海自殺以結束生命。

2014年5月16日，中天電視台新聞主播史哲維在住處輕生，得年四十六歲。史哲維擁有高學歷、長相帥氣，深受觀眾喜愛。平日看來開朗、樂觀，疑因自我要求高、壓力大，而以塑膠提袋套頭自殺身亡。

史哲維曾任職TVBS新聞台十一年，1998年擔任華盛頓特派員，曾隨白宮記者搭美國空軍一號專機，近身採訪美國總統柯林頓（Bill Clinton）。他與妻子結婚十七年，未生育子女，妻子在旺旺中時媒體集團擔任公關處經理。她告訴警方，先生因工作壓力大，特別請假三天在家休息。妻子透露，史哲維有憂鬱症，會定期到醫院就診並服藥。近日他的情緒不佳，鬱鬱寡歡，甚少言笑。

2015年3月24日，「德國之翼」編號4U9525班機失事。原因是正駕駛去廁所時，副駕駛盧比茲鎖上了駕駛艙，然後設定急速下降，於阿爾卑斯山區撞山，機上150人全部罹難。

副機師盧比茲為何蓄意墜機？德國報紙報導，2009年他曾被診斷「嚴重憂鬱發作」，這次失事可能受到與女友分手的刺激。福斯新聞醫學小組的艾布洛（Keith Ablow）醫生說，這種人通常在早期生活的重要時刻（例如童年）曾被拋棄，以致後來對被拋棄的感受特別深刻。

陷入憂鬱的人，可能處於生死決定的邊緣，只要一個負面打擊就足以使他認為沒有希望。憂鬱症非常嚴重時，不只感覺失去與人的親密聯繫，而且覺得全世界都缺乏愛。生命完全沒有價值，不只是自己的生命，所有人也都一樣。所以，盧比茲不僅自己想死，也想帶走其他人的生命。由此可知，**幫助憂鬱者也是幫助自己；提升他們的生命價值，也能提升我們的生存機會**。

☺憂鬱的破壞性與建設性

《暗潮下：當心理醫生得了憂鬱症》作者Manning是位心理醫生，有處理不完的繁重工作，卻又一直計畫展開新工作。因爲精力透支，以致憂鬱症發作。她常拖延事情，卻幻想工作會自動完成或消失。她說（吳傑民譯，1996：3）：

我的辦公桌堆積了太多東西，它們根本吸引不了我的注意力。其中有一堆標著「待辦」的文件靜靜的等著，在那裡待得太久，都開始褪色了。桌上還有四罐喝了一半的健怡可樂……旁邊是一個有缺口的咖啡杯，裡面有幾根吃了一半的糖果棒，那是我和罪惡感掙扎後的結果。另外還有逾期兩個月的電話費帳單……每天傍晚我離開辦公室時，總會有一種神奇的想法，希望在一夜之間，這一團混亂能自動恢復秩序。

理論基本功

《張氏心理學辭典》（張春興，1989：185）將depression譯為抑鬱症、憂鬱、沮喪，意指：屬於憂愁、悲傷、頹喪、消沉等多種不愉快情緒綜合而成的心理狀態。

抑鬱幾乎成為所有精神疾病的共同特徵……輕性抑鬱多數人都有此經驗，諸如悲觀、沉悶、生活缺乏情趣、無精打采……抑鬱情況嚴重時，患者行為異於常人；不僅在心理上陷入悲傷、絕望、自責以及思想錯亂的地步，而且在生理上也出現食慾不振、頭痛、心悸、兩眼無神、嘴角下陷等徵狀。

抑鬱按形成的原因分為兩類：(1)反應性抑鬱（reactive depression）：係由外在情境劇變（如家庭變故或親人死亡等）；(2)內因性抑鬱（endogenous depression）：係因個體對痛苦經驗壓抑的後果。

憂鬱症是一種涉及身體、情緒和思想的疾病，影響飲食、睡眠、對自己的感覺及看待事情的方式。它不同於暫時的情緒低落，也不是個人軟弱的標誌或可透過希望和意志來克服。若不治療，症狀可持續數週、數月或數年。輕鬱症雖較不嚴重，仍使人逃避現實、躲開人群，無法正常發揮功能。依DSM-5的標準，鬱症（Major Depressive Disorder）是五種以上症狀在兩週內同時出現（頁94-95），至少包括以下症狀之一：(1)憂鬱心情；(2)失去興趣或愉悅感。

1.幾乎整天且每天心情憂鬱。
2.幾乎整天且每天明顯對所有活動降低興趣或愉悅感。
3.體重明顯減輕或增加（一個月內體重變化超過5%）。
4.幾乎每天都失眠或嗜眠。
5.幾乎每天精神動作激動或遲緩。
6.幾乎每天疲倦或無精打采。
7.幾乎每天自我感到「無價值感」，或者有過度或不恰當的罪惡感。
8.幾乎每天思考能力或專注力降低，或是猶豫不決。
9.反覆想到死亡，反覆有自殺意念而無具體計畫，或有自殺舉動，或是有具體的自殺計畫。

重度憂傷的父母想結束生命，常會帶著子女自殺。報載（吳淑君、羅建旺，2010），三十四歲許姓男子因長期失業而燒炭自殺，獲救出院才兩天，又想帶兩個讀小二、小四的兒子跳樓。妻子苦勸不聽，也怕另兩個女兒遭殃，所以報警。許男與警方僵持一小時才願放開兒子，卻在兒子面前跳樓自殺。

2014年2月，苗栗縣三十三歲盧姓女子凌晨時分用膠帶將門窗貼上，帶著一對就讀國三及國一的兒女燒炭自殺，三人均身亡。盧女離婚後，帶著兩名子女到高雄居住。兒子升國一時，帶他們回到苗栗和前夫同住。前夫工作不穩又愛賭，雙方常起爭執。遺書有女兒的筆跡，不排除是子女同意和母親一起自殺。

親近或認識的人自殺引起的情緒反應，主要爲「創傷後壓力症」（詳參楊淑智譯，2001：79-102），也就是反覆想起創傷事件。父母的自殺未遂，使孩子擔心父母也會殺死他（包括做惡夢），小孩甚至產生因爲自己不好才導致父母自殺的罪惡感。更糟的是，**父母自殺可能帶動子女日後自殺**。也就是說，多年後孩子非但沒走出父母自殺的陰影，還會複製自殺的行爲。

振興醫院身心內科主治醫師袁瑋（2014）指出，**父母憂鬱卻沒有治療，對孩子的影響是一輩子的**。包括使孩子過於早熟，成為父母情緒上的照顧者，日後可能變得過度犧牲、不敢表達自己想法。而且父母憂鬱時較難發掘孩子的優點，或激勵孩子在學校有更多表現；對孩子較易有負面評價，教導孩子較不易堅持一致性的原則。

遺傳、心理和環境因素共同導致憂鬱症發作，重鬱症常與大腦結構或功能變化有關。**男性較不願承認自己患有憂鬱症，常以酒精、藥物或長時間工作來遮掩**。男性憂鬱症的典型表現，不僅是絕望和無助，也會變得急躁、憤怒和沮喪。更值得注意的是，男性患者的自殺率是女性的四倍。

憂鬱症治療期間，患者自己要注意的是：

1.針對憂鬱症設立實際目標，承擔適量的責任。
2.將大型任務劃分成小任務，做能力所及的事。不要過快承擔太多責任，以免增加失敗感。
3.嘗試與他人傾訴，也可求助張老師、生命線等諮詢專線。因為有些話或許不願意對家人、朋友說，就可向這些管道傾訴，讓情緒的壓力鍋慢慢得到宣洩。
4.參加一些可使自己感覺更好的活動，如：輕度運動、看場電影、球賽，或是宗教、社交活動。
5.相信情緒會逐漸改善，但不是立刻，不要心急。
6.換工作、結婚或離婚等重大決定之前，最好和瞭解你而且較客觀的人協商。

生活模式也要改變，如《心靈療癒自助手冊》當中提到的例子（黃孝如譯，2014：75），吉姆是個中階主管，經常抱怨得不到上司賞識。在一次升遷受挫後，他心情很差，突然聽到一聲巨響，原來是女兒被傾倒的書架壓到了。當知道女兒沒有受傷時，吉姆大大鬆了一

口氣，感到豁然開朗，原來女兒的安全與幸福，比自己的升遷重要多了。他不再爲升遷難過，並且因最近的壞脾氣向太太道歉。

親友罹患憂鬱症時，可以檢查他是否服藥，幫他預約看診或陪伴他去看醫生。鼓勵他在症狀減輕之前保持治療，若症狀沒有改善則尋求不同的治療。**邀請從事能產生正面情緒的活動，做一些快走、打太極、瑜伽等刺激性較低的運動**。園藝工作可讓他在種植花草的過程中，觀察生命慢慢成長茁壯。當他要做重大決定前，成爲聆聽者與顧問。憂鬱症沒辦法速成，重要的還是家人、朋友的長期陪伴，提供情感支援，包括理解、耐心、愛心和鼓勵。不要指責患者裝病或懶惰，不要忽略患者有關自殺的言論（並向患者的醫生報告）。

臨床心理師韓德彥（2002）指出：

> 自我傷害者百分之九十以上有精神疾病，其中約有百分之七十是憂鬱症。嚴重發病時，這些人可能會缺乏現實感，無法像正常人一樣理性思考……這時所做出的決定，可能導致日後難以彌補的結果，例如……自我了斷等。

董氏基金會建議：身旁憂鬱症患者有自殺意念時，除了陪伴、傾聽，還要注意以下幾點（莎喲那拉憂鬱手冊，頁25-26）：

1.尋求援助，通知他人：勿自行處理或冒險賠上自己的健康或安全，找尋專業人員的協助。
2.關心同理：先排除自己的主觀價值及道德觀，想自殺的人多有情緒低潮及行爲退縮的徵兆，對他多些關心、同理及安慰他的感受，不要批評。
3.勿守密：守密會影響個人生命安全時，守密性就被置於第二線。
4.再保證，提供對他的盼望：提醒他，有人可以幫助他，事情一定會變好。

雖然你很想幫助企圖自殺的親友，但不要給他太大壓力，也不要給自己太大壓力。協助他就醫時，不必把責任都往自己身上攬，要找其他親友一起參與（或請求當地衛生所幫忙）。**病患家屬要參加相關支持團體或成長課程**（財團法人董氏基金會、台灣憂鬱症防治協會、中華民國肯愛社會協會、台北市心生活協會等）。**多增加專業知能與心理能量，以免自己也成為病患**。

在學校除了輔導室（大學爲心理諮商單位），還有校園安全暨災害防救通報處理中心（簡稱校安中心，二十四小時有人員値勤）。若發現學生有自殺之虞，須主管教育行政機關及時知悉或立即協處之事件，均可以通報。

行政院衛生署於2005年12月9日，成立自殺防治中心（各縣市也設有自殺防治中心），牧愛生命協會、台灣憂鬱症防治協會等也都設有自殺防治的求助管道。**要讓企圖自殺的親友知道，許多人願意幫助他，鼓勵他找到適合自己的求助管道**。

☺躁鬱症的治療

與憂鬱症接近且易於混淆的是躁鬱症，此症的特點是週期性的情緒變化，嚴重的高潮（躁狂）和低潮（憂鬱）交替。情緒轉變驚人且迅速，但多數時候是漸進的。處於憂鬱週期，患者表現出憂鬱症的症狀；處於躁狂週期，患者會過於活躍、多話、精力旺盛。躁狂通常影響思考、判斷，以及導致嚴重問題和尷尬的社會行爲，如：不明智的商業決策和瘋狂計畫。

躁鬱症的正式名稱為「雙極型情感障礙症性精神病」，患者在不同期別表現在思考、情緒和活動量，都有明顯的波動。從躁期到鬱期，情緒由高轉爲低，想法由多轉爲遲鈍，行動也由不斷往外跑而到自我封閉。躁症發作時通常情緒高昂，不一定是愉悅感，也可能是生氣或煩躁。有許多飛躍式的思想，有時也有危險性的行爲（如開快車）。似乎擁有無窮精力，睡眠需求減少。不僅說個不停，還把活動排滿，遠超過個人精力負荷。買了一堆事後不知如何處理的東西，遠超過個人財力，造成個人及家人負債。有激動的言論，甚至常常干擾別人。

鬱期，什麼事都不想做，吃喝梳洗都覺得多餘。變得「不想」或「不敢」與人接觸，影響學業或工作。哪個工作可以完全不與人接觸呢？因此找不到「合適」的工作。自覺與人相處困難，乾脆獨自躲在角落。不上課或不工作也會造成心理壓力，使自己一面怕面對老師或同事，一面又想有正常生活。

躁鬱症通常有睡眠障礙，睡眠不足若硬撐著上學或工作，會更加辛苦。其他症狀還包括不想吃喝、不注重個人衛生、不想運動、徹夜狂歡、拚命抽菸或喝酒、暴食等，皆不利於身體健康。

躁鬱症可能先由鬱症開始，憂鬱症狀患者約半數可能發展為躁鬱症，其憂鬱表現稱爲非典型鬱症，以年輕女性爲多。躁鬱症也可能合併其他異常行爲，包括過動症、酒精或藥物濫用、強迫症、恐慌症、暴食症等。即使患者感覺好轉，仍需持續用藥四到九個月，以防復發。患者可能需要終生用藥，切勿自行停藥。嚴重的躁症或鬱症都必須立即住院治療，如覺得睡眠品質變差，有躁期或鬱期症狀出現，必須趕快回診就醫，以降低復發及再次住院的機率。

憂慮不全是壞事，善加利用，建設性也很強。「卡耐基訓練」創辦人戴爾．卡耐基，在《別讓憂慮謀殺你自己》一書，提供一個擺脫煩惱的神奇公式（2015：37）：

1.自問：「可能發生的最糟情形是什麼？」

2.做好接受最糟情況的心理準備。

3.接下來冷靜謀劃策略以改善現況。

情緒管理練習

運用戴爾·卡耐基提供的「擺脫煩惱的神奇公式」，拿你目前一件煩心的事情來練習。寫下「可能發生的最糟情形」，以及「改善現況能採取的對策」。在「解決問題的對策」方面，先別管方法有沒有用，以創造性思考，找到最多的解決方法，再評估各方法的效果及可行性。

相關學習資源

一、電影

法國電影《巴黎夜未眠》（導演：克勞德．貝黎，2007）

推薦理由：故事描述四個陷入低潮及困境的人，相互扶持而改變命運、不再悲觀。卡蜜兒對畫畫極有天份，爲了堅持理想，淪落到當清潔工維生；終日鬱鬱寡歡，甚至罹患厭食症。

卡蜜兒住在簡陋的破閣樓裡，又冷又病；幸賴鄰居菲利普伸出援手，接來同住及照顧，否則後果不堪設想。菲利普也有自己的煩惱，他夢想成爲演員，卻因性格內向及口吃而不能如願。與菲利普同住的法蘭克是個帥氣廚師，但每天工作時間過長，累得半死之外，還要照顧住院的外婆，前途似乎一片黑暗。法蘭克的外婆寶麗特一手把法蘭克撫養長大，彼此關係非常親密。但因年老行動不便而摔倒住院，她強迫自己接受出院後要住安養院的事實，心中卻非常希望回家看看她的花園及飼養的小動物。

最後他們互助而共渡難關，擺脱了各自的煩惱與憂鬱。菲利普成爲演員也找到靈魂伴侶，卡蜜兒説服法蘭克將外婆從醫院接回家，由卡蜜兒辭職照顧，最後寶麗特在家中安祥辭世。卡蜜兒也擺脱了對感情的不信任，勇敢説出對法蘭克的愛，兩人一起經營法蘭克的新餐廳。

二、書籍

《精神疾病診斷與統計手冊》（五版）（*Diagnostic and Statistical Manual of Mental Disorders, DSM-5*）（台灣精神醫學會譯，2014，American Psychiatric Association著，新北市：合記）

推薦理由：這本書是精神疾病的診斷準則，透過它可瞭解及分辨精神疾病的類別與程度（輕、中、重）。不僅是精神科醫師必備，諮商心理師、臨床心理師、心理輔導員、社工師、學校輔導老師也適用。對輔導志工及一般導師來說，亦有相當的參考價值。因爲心理輔導是網絡的概念，應採取「三級預防模式」，也就是共同合作的團隊工作。

第一級預防：以健康促進活動與相關政策，減少生病之危險因子，增加免於生病之保護因子，也就是「預防勝於治療」的概念。

第二級預防：早期篩選、診斷及早期介入，也就是「早期發現，早期治療」。

第三級預防：提供有效的治療與復健，以避免疾病惡化，並及早恢復功能，且不再發病。

以學校來說，第一、二級預防都可在校內實施，第三級預防則要交由校外的精神科醫師、心理師、社工師等處理。

撫平不安與創傷

- 「安定」的魅力
- 創傷的療癒

自我覺察與覺悟

1997年，父親因心肌梗塞而「路倒」，緊急手術後在加護病房住了好長一段日子。當時的家屬休息室，因為病人很多，每個病患的家屬僅能分到上鋪或下鋪一個床位。奇怪的是，卻能睡得很好（甚至更好），除了很累之外，應該是潛意識啓動了「保護」機制，以免自己過度焦慮，睡著時就可以暫時忘記煩惱！

遇到重大事故當然會緊張焦慮，因無法立即解決，就會以逃避或上癮行為來轉移注意。逃避行為如大睡一覺、蹺課、不寫作業、不上班等，躲一天算一天；甚至「幻想」奇蹟發生，問題會自然消失。上癮行為如大吃一頓、逛街血拚、跳舞、渴望愛情，更糟糕的是喝酒、吸毒、通宵玩樂等不健康的方式。

以「大睡一覺」來說，若睡醒後精神飽滿地面對自己的責任，就不算逃避。但一直覺得想睡、怎麼都睡不飽，就是潛意識裡欺騙自己：「只要不醒來，就不用面對與處理那些複雜的問題。」依此類推，若上課或上班總是無精打采、眼皮撐不住，排除沒睡飽這個因素，也是潛意識裡「逃避」上課或上班的困境或責任吧！

母親在我讀小學二、三年級時離家出走，爸爸希望她回心轉意但仍落空。爸爸未將怒氣化成批評、抱怨，只更用心、全力地照顧我們四個孩子，讓我們多些快樂。當我到台北讀大學時，爸爸仍鼓勵我多跟媽媽互動、接受她的照顧。我的大學及研究所的畢業典禮，之後結婚、生子，媽媽都沒有缺席。

又要加班？
妳怎麼這麼笨
都做不好啊！

工作沒做完就別回家了！

她這麼喜歡工作
就都給她做吧！

回家囉！

新職場

前輩……這份報告我有些
地方不懂，可以問妳嗎？

當然可以啊！如果做不完
不要客氣，要請大家幫忙喔！

胡鈞怡／繪

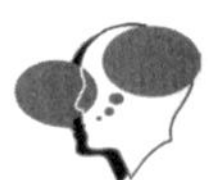

第一節 「安定」的魅力

王力宏演唱〈Forever Love〉（作詞／王力宏、十方、何啓宏、于景雯，作曲／王力宏），指出**理想情人具有安撫情緒的魔力**，如：

感到你的呼吸在我耳邊像微風神奇，溫柔的安撫我的不安定。

不安定的來源

「不安定」是什麼？爲什麼需要「安撫」？

「情緒不安」包含憂愁、煩惱、恐懼、焦慮、徬徨、失落等，生活中不安的來源很多，如青少年時擔心朋友排擠、覺得數學好難、升學及競爭壓力、害怕父母爭吵或離婚、受傷或生病、臉上的青春痘、不聽話的亂髮或瘦不下來的身材。長大後則掛心找不到好工作、賺不到足夠的錢。戀愛時又擔憂遇到恐怖情人，或煩惱到底要不要結婚？焦慮的累積會影響生活步調及自我效能，如：考試焦慮、人際焦慮、外貌焦慮、經濟壓力等，導致考試失常、人際關係不良、自信心不足。

情緒的故事

焦慮或壓力不單是心理反應，還會表現出強迫行為。如報載（陳維鈞、蔡容喬，2016），四十三歲張姓女補教老師疑因結婚多年沒有懷孕而感到壓力很大，經常偷東西抒壓，已有六次竊盜前科。每回被逮都十分懊悔，又無法克制再偷的慾望。最近一次則是背著LV包到賣場，偷了二十多件民生用品。耕心療癒診所院長林耕新指出，偷竊癖成因不明，當患者

壓力大、焦慮或情緒低落時，想偷東西的慾望就會逐漸醞釀，且愈來愈焦慮。患者常偷買得起或不需要的物品，只為得手時內心的壓力或焦慮會獲得釋放。

所以偷竊不一定是經濟出了問題或道德有瑕疵，可能是精神與情緒異常。因為壓力太大，不知如何處理，藉著偷東西抒解。還有人給自己太大壓力，凡事講求速度及完美。平時累積許多壓力，若遇突發事件，如失業或恐怖的新聞事件就可能發病，需用抗憂鬱的藥物治療。

除了以偷竊來抒壓，嚴重時還會成為強迫症，如：無法控制地反覆洗手、檢查門窗或瓦斯，不斷地將物品排列整齊，以身體為主的摳皮膚（摳皮症）、拔毛髮（拔毛症）等，或過度儲存不必要或沒價值的物品（儲物症）。

☺焦慮症的類別

擔心、煩惱本是正常情緒，若持續太久、反應過度，就可能成爲焦慮症，類別包括：

1.分離焦慮症：害怕離開家庭或主要依附者（通常爲父母），因擔心自己或主要依附者遭遇不測（迷路、被綁架、意外、生病），所以不願意外出，甚至不上學、不工作。小孩子在上幼稚園及國小頭幾天，會不想與主要依附者分開，這是正常的分離焦慮。只要提前因應或練習，讓孩子習慣看不到主要依附者一段時間（此時間應逐漸拉長，但會依承諾而再度出現），讓他產生安全感、不擔心被拋棄後，分離焦慮就會減弱以致消失。

2.恐慌症：恐慌發作時，感覺像快要死掉或失去控制。會引起身體不適，如心悸、冒汗、發抖、呼吸急促、喉嚨梗塞感、胸痛、噁心、肚子不舒服、頭暈。前一刻還很正常，馬上就出現上述症狀。十分鐘內症狀加劇，持續二十至三十分鐘，但來得快去得也快。有些患者會在特定地點恐慌發作，如隧道、機艙、電腦斷層核磁共振的密閉機器、電梯、長手扶梯，就是「無法立刻脫身的情境」。

3.特定畏懼症：對於特定事物有強烈的害怕，畏懼類型爲動物（如蟑螂、老鼠、狗）、自然環境（高度、暴風雨、水）、血液—注射—受傷、場所（封閉的地方、飛機、電梯）。正常的恐懼可讓人更加謹愼，保障自己及他人的安全。雖然也懼怕上述事物，但情緒反應沒這麼強烈（歇斯底里、昏倒），也不會因此完全拒絕那些東西或事情（如不搭電梯、不坐飛機）。

4.廣泛性焦慮症：若對許多事件或活動都有「過度的」擔憂，如不斷擔心經濟、健康、學業及感情等，且很難控制，還有下列症狀，如不能靜止或感覺浮躁、不耐煩、容易疲累、難以保持專心或心中一片空白、易怒、肌肉緊張、睡眠障礙等，就需要專業協助。

5.社交恐懼症：在社交互動（交談、跟不熟悉的人會面）、被觀察（吃東西或喝飲料）、在別人面前表現（演講）等情境，因擔心別人的負面評價（羞愧、尷尬、被拒絕或冒犯別人），所以感到顯著焦慮或恐懼。想要逃避大多數社交活動，影響日常生活及正常功能。

6.網路焦慮症：國家發展委員會發布「二〇一四台灣數位機會發展現況」調查結果（余佳穎，2015），「一天不使用網路就會焦慮」的比率，近三年從13.4%成長至23.6%，每四人就有一人；以「不動產業」、「專業、科學及技術服務業」、「教育服務業」、「醫療保健及社會工作服務業」及「藝術、娛樂及休閒服務業」等行業最爲嚴重。一天沒碰網路就會焦慮的比率超過三成，過度上網使身體狀況及實體社交功能變差。

「網路重度使用」可能產生「手機幻聽症」與「社交網路依賴焦慮症」，沒有來電鈴響或震動，卻聽到手機響或有震動錯覺。這項幻聽症的英文名稱ringxiety，就是結合手機鈴響（ringtone）與焦慮（anxiety）兩個字。2016年3月，**南韓訂定精神健康綜合對策，將電玩、酒精、依賴性藥品、網路、賭博同列五大上癮物**，電玩上癮將被當作疾病管理。南韓政府在國立精神醫院開設專門療程，治療電玩上癮患者；還將強化上癮者鑑別系統，在中、小學實施網路遊戲、手機遊戲上癮之早期鑑別檢查，在職場和大學普及鑑別檢查用具。

☺「安心」專案

台灣「半導體教父」、台積電董事長張忠謀已八十多歲了（1931年出生），他與大學生演講時的第一條忠告永遠是：「從年輕時就養成一個終生的、健康的生活習慣。」**張忠謀每天早上五點半到六點起床，晚上十點準備上床，十一點入睡。從二十歲起，便謹守這個運行的節奏**（楊惠君，2015）。

管理學大師彼得・杜拉克（Peter F. Drucker）說（劉貞如譯，2002：266-267）：

> 「在知識社會中，人們有多害怕失敗。由於競爭如此激烈，……到了四十多歲就陷入『停滯』……。所以知識工作者最好在還年輕的時候，就發展出一種非競爭性的生活和屬於自己的社區，以及其他的興趣，……這類其他興趣會讓他們有機會奉獻，創造個人的成就。」

許多人想做很多事，但「虎頭蛇尾」、續航力不足，只做兩三件就沒力氣做下去；或因「高估自己」以致「想得多，做得少」。累積的失敗愈多，心理壓力自然愈大。空有理想、抱負或完美計畫是不夠的，**好高騖遠、眼高手低只會與成功漸行漸遠**。

失敗或不如意時應如何自我激勵？也許該理性思考：設定的目標值得追求嗎？失敗是件壞事嗎？也可找志同道合、良師益友一起尋思如何突破障礙。可能是夢想與目標不適合，應該更換目標，而非不再夢想。

《這樣過活，焦慮自然消失》一書，提供「當下處理」焦慮的三項建議（詳參鄒欣元譯，2010：205-220）：

1.分散或轉移注意力：方法如放鬆技巧、與支持你的人聊天、戶外走走或從事園藝活動、做些簡單及重複的動作、沖個熱水澡、看好笑的卡通片、吃頓愉快的點心或正餐。

2.表達方式：使用較有支持性、實際性和安定性的話語，與對自己說話。如：

「面對我害怕的（　　），是克服我對它感到焦慮最好的方法。」
「我以前處理過這樣的情況，我現在還是可以處理得很好。」

3.說話方式：多說肯定的話。如：

「每一天我掌控擔心和焦慮的能力都在成長。」
「當我看到大多數眞實的情況，就沒什麼好怕的了。」

人生各階段都有擔憂、恐懼的事，佛家說「世事無常」，要體悟「以變爲常」。喜或悲不會固定，每次的變化或打擊，都不是最糟的，下次可能有更嚴酷的考驗。禍福相倚，沒有絕對的好與壞。每一次的「應變」經驗，都是收穫。與不幸的人相比，我們遭遇的衝擊其實微不足道。不要輕易被「風吹草動」擊倒（草木皆兵），要突破「一朝被蛇咬，十年怕草繩」的心理障礙，以免「因噎廢食」，誇大挫敗的殺傷力。難過失望時能自我激勵，以創意突破困境。人們往往

過於看重成功，以致失敗時更加痛苦。**若能自我激勵，不因失意潦倒而悲傷，不陷入各種不安的流沙，就能重塑自己的「逆轉人生」**。

情緒管理練習

張忠謀每天早上五點半到六點起床，晚上十點準備上床，十一點入睡，謹守這個運行的節奏超過六十年。你聽了有何感觸？知道自己輸在什麼地方嗎？你想如何調整自己的睡眠習慣？

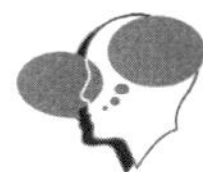

第二節　創傷的療癒

2013年，日劇《半澤直樹》爆紅，因爲「同仇敵愾」的投射心理，使觀衆相當入戲。半澤直樹爲了報「殺父之仇」（銀行拒絕貸款，以致父親走投無路、上吊自盡），努力考進銀行，升遷至高位，爲的是找到當年害父親自殺的「仇敵」（也已晉升至高層），要他「加倍奉還」，嘗嘗當年家人的傷心與痛苦。

2015年，大陸劇《瑯琊榜》是大家爭睹的宮廷鬥爭劇，故事述說梁王的皇子們因爭權奪利，處心積慮地打擊對方，毫不顧慮親情。男主角梅長蘇爲了復仇而忍辱負重，也是爲了報仇那一天可以「加倍奉還」。

☺傷痛的種類

傷害的情況很多，如：

1.身體傷害：遭到身體霸凌與凌虐，包含陌生人所爲的隨機殺人、強暴等，以及發生於親密關係的「家庭暴力」（含男女朋友及同居人、子女遭到體罰及受虐等）。

2.情感傷害：愛情與婚姻裡的劈腿、婚外情等背叛行爲，家庭中父母對子女的偏心、忽略與棄養行爲，婆媳或姻親之間相處不睦的問題，以及其他各種場景的言語羞辱或精神虐待。

3.自尊傷害：因黑函或各種不實指控、不公平對待，造成名譽與職業損害（如失業）。老師、老闆、同儕、父母的指責、羞辱（甚至是歧視、霸凌），傷及個人的自尊、自信。

家庭中的傷害，除了會破壞婚姻關係，也造成子女成長的陰影。對子女日後的婚姻、兩性相處、衝突處理等，會因父母或其他長輩的錯誤示範，而有不良影響。

報載（呂思逸、魏莨伊，2016），夫妻在過年後更容易離婚，新北市在過年後第一週就有一百五十四對夫妻登記離婚，比起春節前，平均每天增加兩對。主要原因爲春節假期夫妻相處時間變多，面對家族壓力及春節禮儀、經濟問題，易引爆爭吵而後決定離婚。放長假時家庭關係較密集，也是婚姻的壓力期；孩子教養、夫妻相處、婆媳問題等，均容易浮上檯面。

職場上的傷害及「以牙還牙」，不利於團隊合作，也使自己得不到上司賞識，無法帶領下屬推動工作。最糟的是，**工作場合的爾虞我詐、明爭暗鬥等不愉快經驗，會影響個人前途與身心健康**。

情場上的報復也不少，變成「恐怖情人」，傷害對方或以死相逼，最後人財兩失。既挽不回愛人的心，還須負法律責任，坐牢一輩子或付出巨額賠款。

℘情緒的故事

2010年，國內有一齣高收視率戲劇《犀利人妻》，劇中溫瑞凡與謝安真是一對幸福夫妻，瑞凡是國立大學畢業的高材生，安真只有高職畢業。由於安真勤奮細心（家庭主婦，有個六歲女兒），使瑞凡無後顧之憂而有不錯的事業表現，成為總經理的候選人。

一位遠房親戚黎薇恩的出現，使這個家庭不再完整。薇恩十歲時父母離異且各自再婚，薇恩長年流浪在兩個家庭之間，渴望關愛卻不可得（父母婚後都生育子女），讓她養成「搶」的習性。她跟安真搶瑞凡，果然搶贏了。瑞凡變心讓安真痛苦得想自殺，幸賴朋友鼓勵才走出陰霾，重新開展自己的生活。與薇恩在一起之後，瑞凡反而想和安真破鏡重圓，安真肯定的表示：「瑞凡，回不去了！」

安真沒有報復瑞凡，將全部心力用於養育女兒及開創人生。劇中的插曲〈指望〉（作詞．作曲／潘協慶）說出安真的心情：

> 別指望我諒解，別指望我體會，愛不是點頭就能挽回。
> 快樂或傷悲沒什麼分別，心碎到終點會迎刃而解。

有些夫婦面臨配偶婚外情，某一方懺悔時，有些人會選擇「原諒」而重修舊好，為什麼？海倫．惠妮（Helen Whitney）所著《原諒》一書當中的案例，黛柏就選擇原諒背叛她的大衛，黛柏說（亞奇譯，2012：84）：

> 我不想當個被害者，而且我發覺只要不原諒，我就會永遠是受傷的那一個。可是信任已經被摧毀了，我必須從頭開始重新建立。

黛柏覺得這麼做是值得的，因為（亞奇譯，2012：88）：

> 原諒深深的改變了我和自己、和大衛、和孩子的關係。那表示我不必一直背負著重擔，不必背負這個動彈不得、痛苦、可怕、難受和憤怒的水泥球。原諒代表我可以放開所有難以忍受的情緒。

「網路霸凌」也是一種暴力行爲，以電子郵件、臉書、部落格、即時通等通訊軟體散播不實消息、辱罵或威脅他人、網路跟蹤、騷擾他人、人肉搜索、修改張貼他人肖像、醜化他人、對他人嗆聲，或發表不實言論促使大衆評論攻擊該人。其他網路霸凌還有：未經同意張貼別人不堪的照片、轉寄色情或不雅照片或影片、未經他人同意公開個人資料（如身分證、電話、照片）、警告或恐嚇他人、不斷發布令人不舒服的訊息等。如果自己或認識的人遇到，該怎麼處理？

情緒的故事

2015年4月，農委會前主委彭作奎的女兒、藝人楊又穎自殺身亡。家人發現一封遺書，當中抱怨網路酸民罵她「很愛假掰，偽善又天真」、「搶人男友，心機重」等（經媒體統計2014年11月至2015年1月底，楊又穎遭到六十五篇匿名網友攻擊）。全家人非常不捨又穎的離去，大她十二歲的哥哥發表公開聲明：

過去幾個月來，家人持續陪伴Cindy到醫院就診，從診所到大醫院也到自殺防治中心，沒有辦法讓她回心轉意。

她情緒起伏最大的原因之一，就是現在網路流行的「污衊式霸凌」，這些匿名攻擊，扭曲事實真相與前因後果，就算反駁，可能會更加被排擠討厭。更令她失望的是，抹黑造謠的人很可能就是身邊的朋友，讓她非常苦惱，不知可以相信誰。

家人無意把矛頭指向特定對象、特定網站，只希望所有曾經在相關網站投稿、按讚、收看、留言的人都能知道，不要以為說幾句話而已不會怎樣，別成為網路言語霸凌的共犯。

網路霸凌讓她身陷憂鬱地獄，希望她的離開，能喚醒更多人抵制匿名抹黑。

網路的匿名性，使攻擊行為沒有抑制效果，容易引起一連串跟隨效應。虛擬的網路世界，讓人不用「面對面」，因此霸凌者沒有感受到自己對他人造成的傷害。遭網路霸凌的人，則要承受他人異樣的眼光、排斥、疏離，因為身心受創而有輕生念頭。**網路霸凌的傷害不下於實體霸凌，影響範圍更廣，時間上則永久難以回復。**

收到網路霸凌的訊息或發現不明人士在網路張貼不實言論時，除了立即求證外，也絕不要轉寄及張貼，以免成為霸凌的幫凶。發布出去的資訊難以收回，可能違反刑法公然侮辱罪、誹謗（毀謗）罪、妨害風化罪、妨害秘密罪、恐嚇罪、無故入侵電腦罪、恐嚇危害安全罪、傷害罪等。也涉及民法之侵權行為（不法侵害他人之身體、健康、名譽、自由、信用、隱私、貞操），其他還有違反個人資料保護法、兒童及少年福利與權益保障法。公訴罪的網路犯罪行為（如觸犯恐嚇、性侵、詐欺等），警方會主動偵辦。對於告訴乃論範圍的網路言論行為（如妨害名譽、誹謗等），則採不告不理。

面對網路不理性的謾罵，應選擇不回應或乾脆關閉臉書。**其實攻擊你的人，可能本身的情緒控制不佳、無法理性看待事情，或是慣於誇大問題**。所以被攻擊時，不要認為都是自己的錯，不要急著回應，網路霸凌者的動機就是要你生氣。具體的因應方式如下：

1.關掉網路，到大自然走走，事情也許不如你想得那麼嚴重。
2.不要悶在心裡，求助才是最好的方式（可打1995）。主動向親友師長說出難處，尋求心理支持。
3.尋求法律的制裁，儲存網頁進行蒐證，並報警處理。
4.多做運動、早睡早起，透過規律正常生活，找回自信與自我肯定。
5.出現憂鬱、焦慮或恐慌、心悸、冒汗等身心異常現象，思考也變得負面時，可求助精神科或心理師。

是否要找出匿名者？建議你別急著這麼做，事情擴大對你更加不利；在沒討回公道之前，已被冠以「無風不起浪」的壞名聲。先冷靜下來、保持自信，繼續做該做或正確的事，並與「理性的網民」適度回應。發現網民不理性時就不必多說，事情眞相自然有「水落石出」的一天。

如何面對欺負我們的人？《原諒》（亞奇譯，2012，詳參頁118-119）一書提到一個被開除的例子。唐因向上司檢舉醫院不當的財務運作而遭到開除，他不只失去工作、陷入財務困境，而且自尊嚴重受損。他十分憤怒，一心想討回公道；這使他成了一座隨時爆發的火山，經常遷怒於妻兒。妻子建議他找人協助，處理那些負面情緒、學習控制脾氣；兒子則形容父親身上噬人的憤怒，像是一直沒有接受治療的癌，叫人不忍目睹。唐困在憤怒當中長達三十年，失去了「活在當下」的能力。

如果傷害來自不認識的人，又該如何處理？一段被害人和加害人化解仇恨的感人經過，被導演吳秀菁拍成紀錄片《回家》（*Coming Home*），贏得國內金穗獎最佳紀錄片、金馬獎最佳紀錄片入圍、紐約瑪格麗特．米德影展入選。片中湯銘雄對著鏡頭坦言，如果角色互換，他不知道自己能不能原諒對方。

情緒的故事

1992年，台北市撫順街發生一起造成嚴重傷亡的KTV縱火案。計程車司機湯銘雄在神話世界KTV喝酒和人起衝突後被毆打。心有不甘的他，從家裡抱來一桶瓦斯在KTV櫃檯前引爆，造成十六人被燒死。在獄中，他寫信向被害人家屬道歉，但沒有人回信，除了杜花明。杜是一位國小教師，是死者杜勝男的姐姐。只有她原諒殺害弟弟的凶手，陪湯銘雄走完人生最後一程。

杜花明的信中沒有責備只有關懷，她不恨湯銘雄，只希望他好好思考自己的過錯，要他好好面對將來。這封信打動了湯銘雄，讓他悔悟自己的一時衝動。

剛開始通信時，杜花明的母親和妹妹並不知情。直到湯銘雄回信，署名給杜媽媽，杜花明才硬著頭皮向母親說出這件事。原來湯銘雄從小在沒有愛的環境中成長，沒有人給他適當的關心和鼓勵，以致走到偏差的道路上。湯銘雄雖有兩個孩子，但他的家人對他並不接納。在獄中，他對人採取冷漠和防衛的態度，自殺三次未遂，不相信有人願意原諒他。

杜花明原來也有想要報復的對象，她不能饒恕她的先生。婚後第十二年，先生遭逢事業重大打擊，藉由醉酒和女人逃避壓力。杜花明覺得難堪與羞辱，幾度想自殺。但兩個女兒需要母親，因此繼續忍耐。杜花明說，饒恕是一輩子要學習的功課，但彼此傷害更是一輩子的束縛。

杜花明是原住民，按過去部落的做法，全族人必須帶刀去報復湯銘雄。杜花明的媽媽接受基督的愛，無心想報復的事。因為教會教導要饒恕別人，所以她把湯銘雄當自己的兒子。湯銘雄若活下來，她會認為還有一個兒子活在世上。湯銘雄因而相信世上有人真正愛他且接納他，他開始禱告，也為獄中的弟兄代禱。

1997年7月15日，死刑執行確定，湯銘雄坦然、鎮定的接受。1997年7月21日，湯銘雄帶著平靜的心，做完最後禮拜，離開了這個世界。並將器官全數捐贈，造福二十名病患。伏法前，他寫了六十多封信請受難家屬原諒他。獄中室友說，認識他三年多，原本他性情暴躁易怒，逐漸變得溫和有禮。

湯銘雄槍決前，杜花明和母親從東部趕來見湯銘雄最後一面。湯銘雄與他們握著手道別，直呼「媽媽！姊姊！」杜媽媽難過的說，她已經死了一個兒子，現在又要看另一個兒子赴死。三雙手在接見窗的小圓口緊緊握著，成為片中最讓人感動的畫面，也讓雙方的生命有了新開始。導演吳秀菁深深感受監禁並不能改變一個人，她也體會到「連生死都可以被饒恕，還有什麼不能原諒」，以及「唯有饒恕才能走出傷害」。

要原諒殺害親人的凶手，非常困難。2008年，清華大學王水案加害人洪曉慧假釋出獄，宜蘭一位游媽媽告訴被害人許嘉貞的母親：

「原諒別人才能讓自己過正常生活。」九年前她心愛的兒子被殺害，她痛不欲生，也曾有報復念頭。最後選擇原諒，南下高雄監獄探望凶手小楊，讓對方很感動。游媽媽說：「其實不是當事者，都不知道這樣的痛苦，放下，才有辦法說，自己比較好過。」原諒凶手很難，但游媽媽說，**放下就不再痛苦**。

游媽媽到高雄探監，小楊說：「游媽媽，可以跟我抱抱嗎？」游媽媽很驚訝，看到小楊哭，想到是自己的兒子在哭，她也流下了眼淚。游媽媽說：「如果今天換過來是我的兒子殺人，我也希望別人原諒我兒子。」小楊假釋出獄後，在游媽媽的鼓勵下重拾書本，努力做人。現在游媽媽笑口常開，大家都叫她「快樂媽媽」。

《原諒》一書說（亞奇譯，2012：88）：

> 在原諒裡，沒有你可以抵達的「終點」。但你的心情會好轉、覺得更有活力、更快樂、平靜，也有更多的接納。

原諒的受益者不只是倖存的受難者及家屬，也包括加害人。湯銘雄被原諒，終於相信有人愛他而能坦然赴死，將自己的器官全數捐出。年輕的小楊得到原諒，才有重新做人的機會。不少重刑犯在成長過程中因爲得不到關愛與原諒，所以變本加厲傷害更多人，報復及宣洩心中的怒火。

羅賓．葛薩姜（Robin Casarjian）認爲，寬恕意味著我們願意爲自己的看法負起責任（祝家康譯，2011：40）：

> 你覺得眼前這個人是個渾球，或只是個受傷不安的人，請記得，決定之權，操之在你。……對方內心那個受傷的、充滿恐懼的孩童，應該爲他的粗暴和輕率負責，然而，那不是眞正的他。一旦明白了這點，你就無須因他人的恐懼、缺乏安全感或創傷而感到被冒犯，或經常處於防衛狀態了。

當你看到想報復的人比你可憐，你就有能力決定寬恕他的錯。法務部自2000年起推動「修復式司法」，至今約有一千三百件申請，其中六百七十二件刑案當事人願意對話，達成協議比率爲七成二。這是一種「柔性司法」，目的在讓加害人與被害人有機會對談，瞭解彼此的苦衷，最終達到原諒。促進對話、修復情感的過程，是爲了減少彼此的怨懟。被害人能理解對方而減低害怕或怨恨，加害人因「誠意的道歉而獲得原諒」，減少再犯。

震驚社會的小燈泡案，被害女童的母親希望能解開凶嫌犯案的背後原因，所以申請修復式司法對談。他們說，痛失至親的傷痛有時只漲滿了憤怒的情緒。從理性面思索，希望小燈泡的離開有價值，爲社會帶來更多反思與推動進步的可能。他們願意與法院、檢察署，甚至辯護人與被告等人，協力完成修復式司法的工作，讓被告家屬、親友、更多專家進入審判程序，甚至展開廣泛的社會對話，齊力注視被告種種生命歷程，**找出犯罪行為背後深沉的原因以及重要環節**。唯有理解並接納傷痛、恐懼、錯愕、猜忌、仇恨等情結，加害人和加害人家屬的道歉，才能眞摯而深入內在。彼此的諒解才有可能，才能走到眞正的和解，回饋到犯罪預防的社會機制與具體實現。

情緒管理練習

求學時代，你的班上曾否發生霸凌事件（包括網路匿名式霸凌），結果如何？現在想想，你覺得這樣的事件，霸凌者、被霸凌者、旁觀者各自的責任是什麼？如果可以重來，這三種角色應如何做，才能避免悲劇發生？

相關學習資源

一、電影

1.荷蘭電影《我可能不會變瘦》（導演：Arne Toonen，2010）

推薦理由：這部電影以誇張的方式對比胖、瘦的差異，實際的人生當然是「過猶不及」，暴食或厭食、過胖或過瘦，都會影響身心健康，或已經是心理疾病的徵兆。

電影的主角是小胖，因爲廚師爸爸接了一份新工作，舉家從圓滾滾村搬到瘦巴巴村。之前所住的村子，人們不介意身材，享受美食也沒有心理負擔。但在這裡，全村隨時都在運動；學生的課桌椅下有腳踏車踩輪，一邊上課一邊運動。爲了節制飲食，超商不賣肉類、起司，大家都吃得很少。

瘦子村的人排擠小胖一家，取笑他們的身材，不到他家開的餐廳用餐。母親爲了維持生意，只好騙客人：「這是豆腐類製成的低卡輕食」，當客人得知是高熱量肉類食物時，都恐慌地散去。

小胖到新班級自我介紹時，老師與同學都取笑他。剛開始小胖並不覺得有什麼影響，依然樂觀開朗。直到小胖的父親發現小胖被霸凌而傷心，爸爸決定回到原有的生活～賣美食。這個胖家庭有個口號：「我們雖然胖，但很快樂！」對比那些爲了保持身材而抗拒美食的病態行爲，開朗的享受美食，不是更健康嗎？

2.瑞典電影《催眠》（導演：Lasse Hallstrom，2012）

推薦理由：《催眠》改編自瑞典文學作家夫妻檔「拉許．克卜勒」的暢銷偵探推理同名小說，由《狗臉的歲月》金獎導演雷瑟霍斯楚執導，代表瑞典角逐奧斯卡最佳外語片。

男主角是精神科醫師艾瑞克，在十二月深夜的一樁滅門血案中，警探約拿請求他透過催眠，使急性創傷而陷入昏迷的存活者說出誰殺害了他的雙親與妹妹，以便及時救出失蹤的姊姊。艾瑞克已十年未施行催眠術（他發誓永遠不再爲人催眠），但失蹤的姊姊命在旦夕，所以艾瑞克被說服而進行催眠，但事情卻變得始料未及。

除了主線的催眠追凶外，男主角因出軌而導致婚姻觸礁，雖然已與對方分手，但兩年來夫妻爭執不斷，妻子仍擔心丈夫與外遇對象舊情復燃（雙方在同一家醫院工作），這也影響到他們兒子的身心健康，這是本片的另一個重點。

二、書籍

1.《這樣過活，焦慮自然消失》（鄒欣元譯，2010，Edmund Bourne著，台北市：大寫）

推薦理由：焦慮不等於焦慮症，但不好好處理，嚴重到坐立難安、凡事不耐煩時，就已變成心理疾病。本書是一本處理焦慮情緒的專書，周延與詳盡的從十個面向來幫助煩悶又緊張的現代人。如：身體放輕鬆、心情放輕鬆、想法實際些、面對恐懼、正確的運動、吃對的食物、休息與放假、生活簡單、「關掉」擔心、當下處理。作者Edmund Bourne博士創設了「焦慮治療中心」，他有二十年以上臨床經驗，這些心理自助技巧深入淺出、具體好用，值得身體力行。

2.《原諒》（亞奇譯，2012，Helen Whitney著，台北市：三采文化）

推薦理由：這本書詳細記錄了十個私人領域及公眾領域的原諒個案，包含各類傷害事件，當中有非常嚴重的屠殺或攻擊事件，也有造成嚴重內傷的背叛或嘲弄事件。剛開始的情緒必然是憤怒、痛恨，想要報復、討回公道、伸張正義，絕不可能原諒對方。但是逐漸發現，原諒可能是通往復元的最佳道路。原諒是一種和解與療癒，但這條路比我們想像的遙遠，要有耐心的慢慢前進。

CHAPTER 5

培養自信與樂觀

- 自信／自卑的差別
- 學習樂觀

自我覺察與覺悟

小學時，因父母離異，我們四個兄弟姐妹都跟著臥病的單親父親過活。身為長女的我，得分擔照顧弟妹的責任。只有很少的錢可以買菜，總也餵不飽弟妹的肚子。沉重的壓力使我經常胃痛（應該是心因性疾病吧），而父親的胃痛比我更嚴重。因無錢就醫，父親拖到胃出血才送急診開刀。

我們一家五口從未喪失希望，反而更加知足快樂，並「放大」開心的程度（爸爸說這叫「窮開心」）。一顆蛋、一條魚、一個芭樂，分成四份給每個孩子（爸爸總不吃，說以前吃很多了）。過生日時，可以有雙層蛋糕（不過是畫在紙上的）。因為家貧沒什麼「好料」，爸爸總能有技巧的提升食物價值。例如一邊煮綠豆稀飯一邊描述它的美味，而且一定要在大家努力做完繁重的家事後再吃，CP值更高。

國中時父親再婚，我們為了不惹後母生氣，處處小心但動輒得咎，多半的情景是後母「一哭二鬧三上吊」或直接離家出走。父親為了我們的安全（怕後母遷怒而出氣在我們身上），總是「打不還手，罵不還口」，有一次還被後母踢出家門。

考上大學時，父親終於與後母離婚了。爭吵不休的日子雖已不在，但我仍慣性地擔憂，不相信可以擁有平靜與幸福。展不開的眉頭成了我的註冊商標，夢中會變身為蝸牛，揹著沉重的殼而「寸步難行」。

常有人問我：「會不會怨恨母親拋棄你們？」但這不是我可以選擇或決定的事，為什麼要誇大它的殺傷力？「恨」能讓我好過嗎？父親是個「情緒成熟」的好爸爸，他從未教我們恨媽媽，相反的，他一直設法維繫我們與媽媽的感情，讓我們與媽媽通信，安排與媽媽多見面。

國中時，我參加全校作文比賽，題目是「樂觀奮鬥」。剛開始

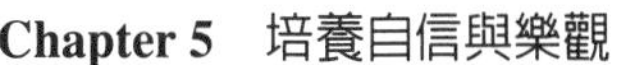

講者還沒來？主持人先上台暖場！擺攤食材不夠？我知道附近某超市有賣，快去買！

是！

社團擺攤中

講者遲到，自己先上

攤位食物賣完緊急補貨

為什麼我們社長總能自信滿滿的解決活動現場所有問題啊？

因為這些問題以前也出現過，都有驚無險的解決了……

胡鈞怡／繪

我根本不懂題目的意思，只能顧名思義地說：何謂「樂觀」？為何要「樂觀」？何謂「奮鬥」？為何要「奮鬥」？何謂「樂觀奮鬥」？為何要「樂觀奮鬥」？就這樣一層一層地抽絲剝繭，加上舉自己的處境為例，愈寫愈覺得有道理。後來我得了第一名，從此就以「樂觀奮鬥」當成座右銘。

我的爸爸即使十分悲傷及身體不適，仍能控制情緒；不唉聲嘆氣且更加樂觀開朗，把親職角色扮演得很好。在他的骨灰罈上，我們刻了「模範父親」四個字，但後悔沒在他生前讓他獲此殊榮。

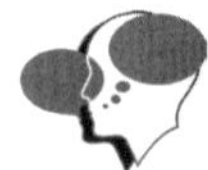

第一節　自信／自卑的差別

不少人覺得自己「懷才不遇」，可能是因爲沒有放在「對的位置」上。馬斯洛的需求層次論，由低至高爲生理、安全、愛與隸屬、尊重、自我實現。「尊重」及「自我實現」的需求，即與一個人的自信有關。尊重包括「自尊」與「受人尊敬」，高自尊的人能在不同情境展現實力、勝任愉快、充滿信心。「尊重」的需求得到滿足，會覺得自己的生命有價值。**「自我實現」則是指實現個人的理想、抱負，將能力發揮到最大限度**。

若一定要考前三名，看到自己的名字公布在優秀學生榜上，這樣的機率太低，對某些人甚至像天上的月亮，「看得到，抓不著」。你可以試試其他的「第一名」，如：第一個到班上打開窗戶，第一個舉手願意幫忙老師搬作業，第一個願意承擔大家都討厭的工作……；其他如：跑步最快、笑聲最大、唱歌最好聽、最熱情、最勇敢等。雖然這些事蹟不會貼在公布欄上，不會拿到獎狀，但只要將「能力」發揮到最大限度，一樣可以「自我實現」。

建立自信的希望工程就是「喜歡自己」，但自信低落的人有時卻表現得過於喜歡自己，如精神科醫師長沼睦雄說（李璦祺譯，2016：101）：

> 自戀人格的人有「高度自負、低度自信」的特質，這也可說是一種看不清眞實自我的狀態。承認心裡創傷、內在小孩，接納自己的眞實樣貌，唯有這樣做，才能讓「一無是處的弱小的自己」，長大至眞實自我的大小，而「自我膨脹的強大的自己」也會逐漸縮小。

自尊及自信的低落，與父母態度有關。例如：達不到父母的期望，遭致父母失望的眼神與負面評價等。父母的期望又受到狹隘的社會成功標準所影響，就是所謂「名校光環」。台積電董事長張忠謀曾批評「台灣明星學校傲氣沖天」（郭政芬，2014），他說自己求學過程讀過香港培英小學、中國重慶南開中學、上海南洋模範中學，都是非常好的學校。後來到美國念哈佛、麻省理工學院，也是一時之選。但沒有一個學校讓人感覺有明星學校的光環，大家只覺得進入不錯的學校很幸運，學校也未將學生視爲天之驕子。張忠謀發現台灣明星學校的光環很盛，他認爲這樣很不好。

低自尊或太多失敗經驗，會導致自我懷疑，遇到挫折或壓力容易退縮與投降。**自尊健全的人較為堅強、開朗，遭逢困難較能面對及接受挑戰**，不會輕言放棄。抗壓性不足，可能由於成長過程中父母寵愛有加，進入社會才發現外在環境不會配合你。不再得到外在肯定時，就會認知失調；愈想證明自己有能力，就愈難接受別人的意見。**自尊過高不僅難有成長機會，也容易累積過錯而造成更大的災難**。

☺適度及健康的自卑

美國史上第一位黑人總統歐巴馬，父親是來自肯亞的留學生，在歐巴馬兩歲時離開了他們母子。歐巴馬從小跟著外公外婆長大，母親家族裡只有他一個黑人。他的黑白混血身分確實讓他自卑，但外公外婆告訴他：「生為黑人，必須花雙倍的努力，才能取得成功。」（王楷星，2012：85）歐巴馬在勝選演說中說：「當旁人嘲諷、懷疑我們，而且說我們辦不到時，我們會回以那歷久不衰、總結一個民族精神的信念：『是的，我們做得到』。」（And where we are met with cynicism and doubts and those who tell us that we can't, we will respond with that timeless creed that sums up the spirit of a people: Yes, we can.）

適度自卑讓人尋求補償、急起直追，或自嘆弗如而接受指導、向人學習。過度自卑讓人卑躬屈膝、妄自菲薄，不知自重且畏首畏尾。或為了掩飾自卑而自命不凡、狂妄自大、好高騖遠，變得華而不實，無法及時改錯、及早更新。

自卑心情與不幸遭遇會產生連結，一再挫折即可能產生「習得的無助感」。失敗陰影如「杯弓蛇影」，使人終日提心吊膽、惶惶不安，喪失「再嘗試」的勇氣，淪入更失敗、更自卑的循環。

你周遭有沒有這種人，一直因自卑而不快樂。不管怎麼努力，都不能「東山再起」、「起死回生」。只看到別人光鮮的一面，忘了別人也曾多次失敗及經過無數努力。**一直自卑，使人看不到自己的盲點，怕吃苦、不能堅持而無法突破**。自信不會憑空而來，要靠「實力」建立。實力不會從天而降，要有相當的付出。一旦建立了自信，不但不會因此「鬆懈」，還會「精益求精」。自信使人抬頭挺胸，性格愈來愈喜悅開朗。

情緒管理練習

你周遭有否過度自卑或過度自傲的人？他們為什麼會如此？有何後遺症？他們看不到自己的問題嗎？這對你有何啓發？

☺工作EQ

馬斯洛的需求層次論之第三層——「愛與隸屬」（love and belonging needs），屬於社交或社會需要，包括被接納、愛護、關注、欣賞、鼓勵等。若在家裡、學校或職場，沒有感受到關懷，會認爲自己沒有價值，影響讀書與工作士氣，導致高缺勤率、低生產率。**想建立溫馨和諧的人際關係，就要多營造「愛與隸屬」的組織氣氛。**

••●理論基本功●••

1998年，丹尼爾．高曼出版《EQ II：工作EQ》一書（李瑞玲等譯，1999：30-31），他發現現代孩子的IQ日益聰明，EQ卻呈現下降狀態。最明顯的徵兆為絕望、冷漠、藥物濫用、犯罪、暴力、憂鬱、飲食失調、意外懷孕、恐嚇、輟學等現象。職場上也有類似狀況，從美國雇主的調查發現，半數以上的員工缺乏工作中繼續學習的動機，四成的人無法與工作夥伴分工合作，新進員工缺乏社交技巧，太多年輕人受不了批評。

高曼所謂「工作EQ」，包括五類情緒智力。前三類為「個人能力」，後二類為「社交能力」，總計有二十五項情緒能力。內涵如下（李瑞玲等譯，1999：49-50）：

一、個人能力

1.自我察覺（self-awareness）：認清自己的情緒及影響力，明瞭自己的長處與限制，肯定自我價值和能力。

2.自我規範、自律（self-regulation）：處理紛亂的情緒和衝動，保持誠實和完整的價值標準，為自己的表現負責，具有處理變遷的彈性，樂於接受新知。

3.動機（motivation）：努力自求改進或達到卓越，參與團體或組織目標，準備伺機而動，對追求的目標堅持到底。

二、社交能力

1.同理心（empathy）：感受他人的情感與觀點，認清並滿足客戶的需求，幫助別人發展，藉由團體成員的歧異性再造新的機會，能解釋團體的情緒暗潮和權力關係。

2.社交技巧（social skills）：發揮有效的說服藝術，傳遞清晰且具說服力的訊息，鼓舞並引導團體和衆人，引發或處理改變，協商並解決爭議，培養有益的人際關係，能與他人合作以達共同目標，創造團隊的相乘力量。

成長階段若過於強調學業成績，疏忽其他成功的條件，如溝通協調能力、勤勞樸實的態度、挫折忍受力、情緒穩定、團隊合作、全心投入、不斷成長等，就無法成爲快樂的工作人。

世界暢銷書《心靈雞湯》作者Ekeren，在《12道快樂工作雞湯》（胡瑋珊譯，2002）一書，提出十二個重要的工作觀念，能幫助恢復生命活力與熱情。如：

1.點燃你對工作的熱情。

2.永遠都不夠好。

3.把自己視爲公司的老闆。

4.投身於重要性最高的事情上。

5.發揮才能。

6.態度的力量。

7.打造一個更好的自己。

8.要起而行。

9.成功就在你的心中。

10.開創一番新的局面。

11.做個合群的人。

12.放輕鬆。

這些不見得是新觀念，卻很容易忽略與誤解，例如「永遠都不夠好」（胡瑋珊譯，2002）：

> 要是沒有終身學習的心態，不斷追尋各個領域的新知和創造力，光是沉溺在過往的自滿當中，你終將喪失自己的生存能力（頁26）。
>
> 現在的機構對於缺乏學習意願的人是很無情的，員工必須負責精進自己的工作技能，否則就會被拋在後頭吃灰塵（頁28）。

✎情緒的故事

報載（沈育如，2014），三十八歲的江振誠在新加坡經營的餐廳，不僅被評為新加坡第一、全球五十大最佳餐廳的第三十七名，更被譽為「全球下個年代最有影響力的十五位主廚之一」。江振誠沒念過大學，淡水商工餐飲科畢業後就投入職場，二十歲時一句法文也不會，就飛到法國拜師學藝。憑著對餐飲的熱情，成為台灣首位米其林三星主廚，獲頒台科大名譽碩士學位。

江振誠觀察台灣的年輕人通常缺乏耐心，也不夠積極，只想在短時間內獲得成績，但往往是不可能的。他建議年輕學子秉持耐心、熱情與堅持，培養解決事情的能力，不要等待上司下指令才去做，否則很難跟世界各國的人士競爭。

江振誠說，太多年輕人沒有方向，只為符合別人的期望而工作，一輩子茫茫然。他說，他聘僱員工從不看履歷，很多人原本從事食品科學、律師，卻願意花時間學廚藝轉行。「**技藝可以跟大師學，但對工作的熱情是發自內心，怎麼也學不來的**。」「如同手電筒聚光在一點，就能成強光，三心二意什麼都想嘗試，光源分散亮度變弱，最後消失黑暗中。」

報載（趙敏夙，2010），獲得世界麵包大賽冠軍的吳寶春，國中畢業開始當麵包學徒，每當意志力薄弱時想到媽媽的勇氣，就能咬牙再撐下去。吳寶春的媽媽不識字，早年喪夫，住的是牛糞混合泥土搭建、颱風一來就可能倒塌的房子，但媽媽告訴他「人窮志不窮」。她工作十分辛苦，在屏東的大太陽下種鳳梨。雖然個子小、體力不支，經常頭暈，但喝了提神飲料又繼續工作。

吳寶春參加麵包比賽前好幾個月，每天下班後練習到凌晨兩三點。麵包從攪拌、發酵、整型、烘烤，一個步驟沒做好就重來。**他絕不跟軟弱的自我妥協，不斷從失敗中找到智慧**。

☺不卑不亢，虛懷若谷

自信者不卑不亢、虛懷若谷，他們知道「萬丈高樓平地起」、「登高必自卑，行遠必自邇」、「勤能補拙」、「熟能生巧」、「鐵杵磨成繡花針」、「愚公移山」、「天生我才必有用」、「行行出狀元」。謙卑的實踐之道，如亞里士多德所說：

> 對上級謙恭是本分，對平輩謙遜是和善，對下級謙遜是高貴，對所有的人謙遜是安全。

任台大校長時李嗣涔先生叮嚀台大畢業生「要謙虛」，因爲他收到一封自稱「藍領勞工」的林先生的電子郵件，指出有些社會新鮮人「活在高學歷的光環下」、「過於自私」、「沒有時間觀念」、「身段不夠柔軟」、「缺乏謙虛」、「沒有敬業精神，不夠尊重工作」、「藉口太多」，所以希望台大能重視此事，讓學生瞭解職場應有的工作態度與倫理。李嗣涔說：

> **如果你能建立正確的工作態度及工作倫理，比如像謙虛、敬業、不諉過、守時、爲別人著想等等，你必然能克服困難，發揮你的才能，請記得「你的態度決定了你未來的高度」。**

學業競賽勝出的人，常擁有最多資源、享受明星學校的光環。社會價值觀使得「優秀」（考上明星學校者）與「平凡」（考不上明星學校者），成了兩個世界。但強調菁英主義的同時，又要學習謙虛，會否矛盾？靜思語說：「欣賞他人，就是莊嚴自己。」我們應該教導名校「菁英」，別人有許多比我們強、値得欣賞與學習的地方。要「虛心」，否則就看不出別人的長處。

要有自覺的更新，知道「強中自有強中手」。吳寶春表示（勞委會職訓局，2012），進入職場最重要的是「準備自己」，「態度可決定一個人的未來」。學習時要把自己歸零，才能讓像乾海綿般，盡情吸收所有的知識。吳寶春很虛心，他十分認同「知識就是力量」（吳寶春、劉永毅，2010）。當世界各地的麵包師傅到台灣辦講習會，即使學費不便宜，他也捨得自我投資。他每年到日本好幾次，跟各國師傅學習做各式麵包。學習時他沒有任何想法，只是完全接受、吸收，並一五一十的拍照、記錄。若有任何細節不到位，就反覆練習、不斷重複。未掌握精髓之前，絕不放棄。2013年，他還到國立新加坡大學進修EMBA課程。

情緒管理練習

你知道的名人或周遭的師長、親友、同學當中，有沒有人已十分成功卻萬分謙虛？以一些具體事例來說明他們的謙虛，以及你想要仿效他們的地方。

第二節　學習樂觀

遇到重大創痛時，一般人會涕泗縱橫、泣如雨下、泣不成聲、痛哭流涕，但勇者能超越困境，如尼采說：「受苦的人，沒有悲觀的權利。」、「那些不能殺死我們的，使我們更強大。」這些楷模是茫茫大海、驚濤駭浪中，讓人樂觀奮鬥的燈塔。有首兒歌〈再試一下〉，歌詞是：

這是一句好話，再試一下！一試再試做不成，再試一下！
這會使你的見識多，這會使你的膽子大。勇敢去做不要怕，再試一下！

情緒的故事

2014年9月，聯合報以〈沒手沒腳，她登上玉山〉這篇勵志報導，獲得台北市新聞記者公會主辦「一〇三年度社會光明面新聞報導獎」平面新聞報導獎及攝影獎。

2014年4月24日，二十歲的郭韋齊登上玉山主峰，她是沒有四肢卻能登上玉山的第一人。成功登頂的那一刻，她口含外公遺照，含淚告訴外公

在天之靈，「沒手沒腳也能看得更高更遠！」七歲時，郭韋齊因感冒引發敗血症而截去四肢，外公因傷心過度而中風，三年後過世，成了韋齊心中永遠的愧疚。

十五小時的艱辛，她比常人多花了一倍時間。郭韋齊走在滿是碎石的登山斜坡上，腳踩著三公斤重的義肢，移動時大腿跟著破皮流血，只能不斷的纏緊繃帶。最後一公里最難熬，她只能沿著巨石攀爬，但說什麼都不肯放棄。

2015年，韋齊二十二歲時獲得國內「十大傑出青年獎」。韋齊能夠突破困境，最大的功臣是父母，他們一路的帶領及陪伴，是最佳啦啦隊及補給站，他們陪著韋齊爬過大霸尖山、玉山以及單車環島。

韋齊的媽媽是醫檢師，曾懷疑女兒的悲慘命運是醫生疏忽所致。疼愛韋齊的郭爸爸更是傷痛得想一槍打死醫生，但是韋齊的笑臉撫慰了想自殺或殺人的郭家爸媽。郭爸爸想通了，他把韋齊的狀況看成「重生」。郭媽媽則決定教導韋齊面對「斷手斷腳」的事實，徹底學會不在意、不傷心，絕不躲在家裡當鴕鳥。

從最初害怕聽到別人談論或詢問韋齊的狀況，一觸及別人同情或害怕的眼神就心痛。在一次又一次勇敢地面對之後，韋齊遇到小朋友的嘲笑已能讓他們看個夠，而繼續做自己的事。郭媽媽要韋齊坦然向人解釋自己的情形，「我是因為生病，為了活下去所以才截肢。」不要將痛苦歸咎於人，更不要把自己當成「受害者」。郭媽媽要韋齊學習面對及化解這些傷害，直到聽別人談論自己沒有手腳而不再傷心，甚至能微笑以對。

韋齊不只要適應少掉四肢的生活，病後還有其他後遺症，包括精神不好、上課時容易睡著、癲癇、呼吸困難、半邊身體無力等。更麻煩的是，生病造成的「腦傷」，使她不能言語、智能退化、學習緩慢，國小及國中階段都需要資源班特教老師的協助。竟然還有家長打電話給郭媽媽要韋齊轉校，覺得韋齊的學習遲緩會妨礙其他同學。郭媽媽雖然知道這是不公平的對待，會傷害韋齊，但仍選擇誠實告訴女兒，讓她學習處理；不要只是傷心、生氣以及怨天尤人，把自己埋在痛苦中。

韋齊是一個很懂得抒解情緒的孩子，不愉快時會找人訴苦（而且找不同的人），為自己找到最好的答案。郭媽媽說，為了幫助韋齊復建及學習，她做了很大的調整。不以「忍辱負重」、「良藥苦口」的態度來教育孩子，相反的應以快樂為目的。也就是說，教育韋齊的最大原則是「快樂的活著，不要想未來會怎樣」。

多年的痛苦使郭媽媽領悟，唯有「活在當下」，不要一直寄望未來。不必想將來會如何，想太多只會造成壓力與惶恐。如今，郭家父母覺得很快樂，因為韋齊天天給他們製造驚喜。郭媽媽想，從最初「如此不堪」，到今天「天天驚喜」，這樣的轉變實在好奇妙！

2011年，澳洲的力克．胡哲（Nick Vujicic）應伊甸基金會之邀，來台北小巨蛋演講，韋齊爭取到開場舞蹈表演的機會。郭媽媽希望韋齊能學習天生沒有手腳的力克．胡哲，成為激勵人心的演講家。這樣的願望韋齊已經實現了，如今她經常到監獄、學校做「生命教育」的示範及演講。演講當中，韋齊還能表演彈琴、跳舞、書法、繪畫，更加激勵人心。

郭家父母對韋齊很有信心，郭爸爸形容韋齊像一隻「鬥雞」；愈是困難的事，愈能展現能量去突破它。

當我們以爲自己是世界上最可憐的人時，有許多人比我們更辛苦卻更加惜福。韋齊的重要貴人之一——榮獲金鐘獎與十大傑出青年的重殘者劉銘（陳鵲蓮、王瑞璋，2004），年輕時毛遂自薦取得廣播DJ的工作，後來娶了漂亮的老婆、生了可愛的女兒。他常掛嘴邊的話竟是：「感謝殘障！」

劉銘三歲時因高燒而小兒麻痺，靠輪椅代步，九歲至二十二歲都住在廣慈博愛院。重度殘障沒有打敗劉銘，他踏入廣播界、拿下金鐘獎，組成「混障綜藝團」，幫助各種障礙者找到表演舞台與工作機會。越挫越勇的劉銘，以自身經驗勉勵大家：**「樂觀的人永遠有路可走」**，他說（劉銘，2010）：

一個被醫生斷定只能活三十歲左右的人，如今度過五十歲的生日……我應該感謝那位醫師，若非他做了如此的「宣布」，又如何讓我能夠有所警惕，把握有限的生命，一天當成兩天來過，活

出生命的光與熱……讓我能夠打破魔咒的兩樣法寶，是意志力與樂觀心態。

高雄有位高中老師劉秀芳，在報紙投書表揚她勇敢的學生張育瑄（劉秀芳，2010）：

班上一個女孩子，罹患了全台灣只有三個病例的罕見疾病。她每天到學校上課，都要把雙腳浸在冰桶裡才能抒緩疼痛。
這學期上了一個多月之後，我突然接到她的電話，她哽咽的告訴我，她必須請長假了，因為肉體上的疼痛，已經無法允許她坐在椅子上聽課了。
孩子近日雙腳的顏色，已由紅轉為紫再轉為黑，甚至到了要削皮的地步，連嗎啡都無法止住她的疼痛。但她都咬著牙挺過去了，因為有一個很大的動力支撐著她，那就是要回學校讀書，跟同學一起坐在課堂裡聽老師上課。

張育瑄也在部落格書寫自己的心情（徐如宜，2010a）：

病痛造就了我，現在的我更珍惜剩下的人生。我知道我沒有悲觀的權利，我珍惜每個今天，我像海棉一樣每天都在吸收新知……感謝上蒼……在我身旁總有許多可敬可愛的人，讓我深深覺得：活著眞好！

令人難過的是，2010年8月下旬（徐如宜，2010b），一心想重回校園的育瑄，在繳完學費的次日，因手術感染而辭世。張媽媽要求來參加告別式的朋友：「都不許掉眼淚，因爲育瑄一輩子都想帶給大家快樂！」

受難者通常不會用「放大鏡」看待災難，他們知道這樣會使自己更沉溺於悲傷、痛苦。他們不「奢求」災難不來或「否認」災難的存在，只以「樂觀」的心態面對並設法「起死回生」。

樂觀是後天學習的，遭受挫敗後「站不起來」，就會逐漸「變成」消極悲觀（有時自己沒有察覺或自我否認）。悲觀的人雖沒有明顯的不快樂，但看起來無精打采、不積極，口頭禪是「沒用啦」、「沒辦法啦」、「算了吧」。**樂觀或悲觀都是後天生命經驗與學習的結果，所以要設法避開「習得的悲觀」**。

生命中某些不可選擇的負面際遇，造成不可抹殺的印象，使我們不快樂甚至生病。這時就必須「情緒重整」，給自己重獲快樂及健康的機會。不少人過一天算一天，覺得一切已成定局，不敢樂觀以免陷入更深的沮喪與失望中。如何找回選擇權，讓自己更正向、有能量？正向是指「多看事情好的一面」，將危機視爲轉機、吃苦當作吃補。「欣然接受」（雖然很難）困難與挑戰，以積極的心態解決問題，當作一次又一次的成長機會。千萬不要執著「爲什麼別人這樣對待我？」「爲什麼別人不肯做？」、「爲什麼要我去做？」等不平衡的心態，使自己更不甘心、不愉快。

《心靈療癒自助手冊》一書作者克里斯多夫·科特曼（Christopher Cortman）及哈洛·辛尼斯基（Harold Shinitzky）都是臨床心理學家，他們說（黃孝如譯，2014：34）：

> 心理研究專家早就發現一個現象，就是：快樂的人即使面臨失明或癱瘓等重大挫折，仍會是快樂的人；不快樂的人即使中了樂透或發大財，還是常感到不快樂。改變心態絕非易事，但若不能及早脫離「斤斤計較」、「你爭我奪」，發揮創意及幽默感，就不能突破「重圍」（原本的思考框架）、找到生機，徒然浪費了寶貴的人生。

創造力及幽默感無法完全靠自己激發，要找良師益友或心理輔導人員「腦力激盪」，才能產生遠見與洞見，「條條大路通羅馬」。因

爲自我逞強及隱瞞眞相，許多「心病」就此惡性循環、愈演愈烈，讓身邊的親友跟著受苦。

悲觀的人容易沮喪、退縮，因爲無力感及挫敗感形成「骨牌效應」。爲什麼會沮喪？有些人因爲「抗壓性」較差，在順利、成功時沒有好好自我更新，於是逐漸退步，就像「溫水煮青蛙」慢慢死亡。或遭遇接二連三的失敗與不順利後亂了陣腳，找不到挽救或「止血」的方法。

悲觀的人在你周遭時，要救他嗎？《心靈療癒自助手冊》提到（黃孝如譯，2014：202-203）：

> 在不得已的情況下，如果能與人保持適當的距離，就能增強自己的力量。……就算你無法改變、掌控或治癒別人的毛病，至少能好好照顧自己。

朝夕相處的愛人或配偶有不當行爲時，更難有清楚的判斷與行動，然而書中說（黃孝如譯，2014：204）：

> 親密關係也需要平等對待才行，但若你強化對方的不當行爲，就等於授予他全部的權利卻喪失了自己的力量。

書中舉了一個丈夫酗酒的例子，妻子不斷說教、要求他戒酒都無效，最後只能清楚表達自己的立場與感受（我擔心你喝酒傷身，以及酗酒的行爲令我傷心），並表示如果丈夫再不戒酒，就不惜離開他。要貫徹「不戒酒，就離開」，不僅在西方社會有困難，在東方的傳統觀念下更不易做到。不僅是夫妻關係，一般人際關係也要練習，例如老闆繼續用言詞羞辱你，你就該表達不惜辭職的堅定心意。

情緒管理練習

找出一個身邊或新聞報導的悲劇事件，與自己的狀況相比，是否覺得自己非常幸福。再找出一個自己身邊或新聞報導突破困境的故事，一樣與自己相比，想想自己無法改變現狀的原因為何。你覺得自己是樂觀或悲觀的人？為什麼？有何影響？你想要怎麼改變？

相關學習資源

一、電影

韓國電影《醜女大翻身》（導演：金榮華，2006）

推薦理由：漢娜的體重近一百公斤，雖然上天賦予她天籟般的嗓音，但因肥胖體型，只能在幕後幫歌手「代唱」。製作人韓尚俊是唯一肯定她音樂實力的人，漢娜爲了爭取他的愛，決定大幅度整型。過程雖然痛苦萬分，但能成爲令路人看了都傾倒的大美女，漢娜覺得非常值得，整形後她改名爲珍妮。

珍妮由尚俊推上了知名歌星的地位，付出的代價卻是「六親不認」，要裝作不認識患病的老父，還要背棄好朋友。雖然尚俊愛上了她，但諷刺的是，因爲她全身上下都是假貨，整容醫生警告「不能接受熱情的撫摸」。尚俊自己也說：「不可能接受一個人造美女，作爲自己女友。」

片中一大亮點，是女主角金亞中具有眞正的歌舞實力，她親自演唱電影中四首收錄歌曲。爲了體現眞實的演唱會氛圍，她接受嚴格的舞蹈及聲樂訓練。演唱會現場，選的是著名的奧林匹克體操競技場，還找來一千多名的臨時演員，烘托演唱會的氣氛。

二、書籍

《你是光芒——盧蘇偉的15堂愛自己》（盧蘇偉，2010，台北市：寶瓶文化）

推薦理由：本書藉由十五個盧蘇偉的朋友或輔導個案的眞實故事，說明不論是天資駑鈍很難有大成就的人，或有過大成就卻遭遇大挫敗的人，都要懂得「愛自己」。每篇故事的結尾都有一段話當作「愛自己的功課」，例如第二堂課：「一個人爬過了高山峻嶺，看過大山大水，跌落谷底時，想的不應該是如何在爬上巔峰，而是要思考自己要的是什麼，未來要過怎樣的生活。」第九堂課：「能喜歡自己和滿意自己，才是最重要的。」

CHAPTER 6

開創活力與幸福

- 睡眠與放鬆
- 時間管理的訣竅
- 人生的幸福筆記

自我覺察與覺悟

長子出生時我讀碩士班，在他滿月後我即將他交由住在台南的公婆照顧。我與軍職的先生已分隔兩地（我在台北，他在高雄），從此一家分居三地，一個月最多相聚兩次。現在想來實在失職，以為孩子只要有爺爺奶奶「餵養」即可。

長子近三歲時回到台北，從此三代同堂，但我仍繼續「放心」地把陪伴責任交給爺爺奶奶。先生仍每週回台北一次，可見我們給孩子的時間不足。

長女則因幼稚園及國小遇到「貴人」，改變了我們的行為。幼稚園的園長要求家長每天親自接送孩子，還經常辦活動讓父母參加，如：「爸爸早餐會」、「媽媽早餐會」、「親子運動會」。

女兒讀國小時，校長寫信要家長每天帶孩子吃早餐再上學，不要到學校吃早餐或拿錢給孩子自己買早餐。從此我每天陪女兒吃早餐，吃完早餐後再陪她走路上學（單趟三十分鐘，在此之前都是開車接送）。

拿到博士學位後，我擔任大學教職並兼任行政主管。隨著工作與家庭責任愈來愈重，某些生理病兆與負面情緒也跟著出現，如：

1.生理上：該睡不睡、該吃不吃，過勞、體力透支；總覺得休息不夠，天天盼望睡個飽。生病了還硬撐，不肯好好休息。長久下來，身體開始出現毛病，像頭痛、暈眩、胃痛、腰痠背痛、脖子僵硬等；繼續輕忽下去，可能生大病。
2.情緒上：因拖延或工作成效不彰而加重心理負擔、缺乏成就感，覺得職業倦怠。想逃避又不得不面對，變得焦躁不安，靜不下心處理該做的事。對自己漸失信心，心情更加鬱悶、悲觀。

公司午餐時間

每天早上都好想睡，提不起勁
去做一天的工作，怎麼辦？

胡鈞怡／繪

3.人際關係上：家人之間愈來愈少交談或共同休閒，忙得沒時間照顧小孩，丈夫也經常抱怨我疏忽了他。不僅家人關係疏離，一般人際互動也減少。變得不想與人打交道，不再關心別人。

4.工作效率：對自己的工作愈來愈不感興趣，很想放棄。因心思不寧、注意力無法集中，難以有效率工作。

5.別人的看法：不論親人、好友、同事，甚至鄰居、剛認識的人，都有意無意的說：「你看起來很累、臉色不好、眼皮浮腫、瘦了好多，要多休息喔！放輕鬆！不要繃那麼緊！你做太多了，把握重點就好。」

撰寫教授升等論文時，我在文化大學任教且兼學生輔導中心主任。最初我採用「過勞法」——熬夜爭取寫作時間。結果睡眠不足，工作、論文及照顧家庭三者都做不好。有位朋友建議我改為晚上九點與女兒同睡，睡足七小時後，清晨四點起床寫論文，寫到六點多準備上班。結果，早起的兩個多小時的確成了高效率的寫作時間。因為很珍貴，寫起來也特別有靈感。

女兒讀小六時，她希望能吃到我做的便當，這是兒子到高中畢業前都沒有「享受」過的待遇。女兒說，學校合作社的便當千篇一律（炸雞排、炸豬排、炸魚排等），早吃膩了。於是，2004年初，我辭去了專職，給女兒做便當，也做飯給家人吃，全家都因而改變了生活型態。

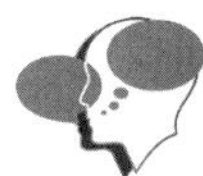

第一節　睡眠與放鬆

「活力滿滿」與「死氣沉沉」，不是分立的兩端，而是連續的數線。我們都希望自己屬於「正向」的一端，卻常偏到「負向」。睡得好就有活力，睡不好就一事無成。**想好好活著就別「捨不得」睡覺，但好好睡覺卻是「知易行難」的大事！**

沒有活力就「提不起勁」，不僅是外在行動，也包括內在創意。沒有創意就等於「競爭力」不足，容易遭到社會「淘汰」。台積電董事長張忠謀說（郭政芬，2014）：

> 年輕人必須會創新，沒有創新的創業不會成功，對社會也沒有貢獻。公司不同階層的人才，要求的條件雖不同，但「創新力」卻是每一個員工都需要的。

不少人寄望「明天會更好」，但什麼都沒有改變，怎可能更好？長期睡眠不足，使人反應遲鈍、記憶力衰退、判斷力變差、易怒、憂鬱和焦慮，依《精神疾病診斷與統計手冊》（*Diagnostic and Statistical Manual of Mental Disorders*）五版（DSM-5）所列，失眠症、嗜睡症、憂鬱症、廣泛性焦慮症等疾病，都有睡眠困擾。

☺提升睡眠品質

統計資料顯示，**台灣民眾失眠比率是亞洲之冠，四分之一以上人口有睡眠障礙**。85%國中生每天睡不到八小時，成年人也睡不到七小時。即使自認白天精神狀況良好、已睡足八小時，還是無法還清睡眠債，並沒有自認爲的「清醒」。睡眠心理師盧世偉（2010）提醒，若不償還睡眠債，會導致情緒低潮、易怒。

要「定時定量還債」，逐漸增加睡眠時間。正確的方式是提早上床，而非延後起床。長期欠睡眠債的人，常處於警覺度高的狀態，不易睡得久。爲了增加睡眠時間，最好學習放鬆，如腹式呼吸，降低相關系統的活躍度。

政大睡眠實驗室主任楊建銘指出（詹建富，2010），很多上班族或學生，因工作或考試而熬夜，總等到週末、假日再補眠。但長期累積的「睡眠債」不是一週少睡七小時，在一兩個假日多睡幾小時就可以補足。楊建銘說，如果集中假日補眠，會造成生理時鐘的延遲，使得該上床睡覺的時候難以入眠。到了週一上班、上學時睡意濃厚（所以稱爲憂鬱的星期一），反而得不償失。**如果睡眠時間不規律，會種下日後慢性失眠的後果**。

上海同德堂中醫師胡乃文指出（吳涔溪，2007），現代人日夜顛倒，白天才入睡，卻熬夜工作，長期下來必然睡眠品質不佳。加上工作壓力、緊張、害怕、煩躁等氣血不調和，容易傷到肝和心，自然無法安然入睡。胡乃文建議，何妨**試試日漸受到重視的「打坐」，讓腦袋思緒重新歸零**。不僅可以好好睡覺，腦波中的 α 波增強，免疫細胞及分泌激素也跟著多一些。

天然食品可以補充褪黑激素以助眠，如：番茄、洋蔥、黃瓜、櫻桃、香蕉、燕麥、米、玉米、牛奶、芝麻、南瓜子、杏仁果、黑核桃、薑、明日葉、甜椒、葵瓜子等。少吃或斷食，也可促進小腸產生褪黑激素。**褪黑激素在深夜十一時至凌晨分泌最盛，所以早些上床，效果最好**。曬太陽可提升白天與黑夜褪黑激素的差距，幫助褪黑激素在夜晚分泌增加。菸及酒精會破壞褪黑激素的自然循環與夜間分泌，開燈睡覺也會抑制褪黑激素的分泌。午睡太久會讓褪黑激素分泌升高，進而影響褪黑激素在夜晚的分泌。肥胖也會使褪黑激素的分泌受到阻礙。

美國國家睡眠基金會推薦一個方法，幫助大家睡足八小時（陳芳智譯，2003：282）。**將上床和起床的時間固定（或先由起床時間開始），設法持續一個星期，即使週末週日也一樣**。只需要一個星期，生理時鐘就可以調到新的時刻。再繼續努力，逐漸調整到理想的上床及起床時間（例如晚上十一點前上床，早上六點起床）。

怎樣才能正確的睡飽？從早上睡到晚上？週休二日時大睡一場？或白天找時間補眠？都不是！這樣只會破壞生理時鐘，造成更嚴重的失眠。要有足夠及正確的睡眠時間，當然得先調整晚上的作息方式，好好衡量晚間活動是否必要及如何取捨。提早回家，才可能早點上床。**若平時過了凌晨才睡，可試著提前十五分鐘、半小時上床，睡滿七小時則「一定」要起床，不可縱容自己「賴床」，慢慢就可恢復正常的生理時鐘**。運動方面須找到自己喜歡且可行性高的方式，每週三次以上最佳，只要不中斷，慢慢就會迷上運動，像吃飯一樣，不運動還不行呢！

☺靜坐與冥想

活力及創意無法僅靠外塑或訓練，發自內心的靜坐與冥想，值得一試。「靜坐」的英文meditation源於拉丁文meditari，意指「沉思之方法」，也譯爲「冥想」，能改變人的意識狀態。**腦波在α波（週波數為7-13Hz）時最為放鬆、最有創意，進入冥想狀態即會產生α波**。

美國班森－亨利身心醫學研究院（Benson-Henry Institute for Mind Body Medicine）的赫伯特・班森醫生（Dr. Herbert Benson），帶領一項有關靜坐與壓力抑制的相關研究（葉心怡編譯，2008）。發現「靜坐冥想組」抑制壓力基因（stress-related genes）的數量約爲一千個，是「控制組」的兩倍。研究人員對控制組（非靜坐冥想組）也進行八星期、每天十分鐘的靜坐冥想活動，發現短期的靜坐冥想訓練，也可產生抑制壓力基因表現的效果，只是程度上低於長期的靜坐冥想組。也就是說，**當你從事靜坐冥想活動，進而啓動舒緩反應時，壓力基因就會轉變**。

擁有生化及醫學雙博士的楊定一，特別推薦「呼吸」結合「靜坐」對身心放鬆的效果（陳夢怡譯，2015：12）：

> 選擇一個呼吸的節奏，例如每分鐘五次或六次的呼吸，練習時既要專注於呼吸本身，專注於慢下來的呼吸本身，也要覺察呼吸。從這個角度來說，它確實蘊含了「止」的專注定力與「觀」的覺察關照。……在一呼一吸之間保持關照，我們的「覺」也隨之自然生起。

楊定一推薦的「整套練習」包括呼吸及靜坐，能幫助克服負面情緒、釋放內在的創造力，**讓我們更有創意，也與人更親近、更有愛心**（陳夢怡譯，2015：105）。

威爾．鮑溫（Will Bowen）在《祝你今年快樂》一書中特別推薦靜坐冥想，「不只能讓你掌控你的思想，也能加深你的靈性，兩者都可以造成更高且持續的快樂感。」靜坐冥想的主要技巧如下（摘自莊安祺譯，2012：71-73）：

1.舒服的挺直腰桿坐好，手放膝上，掌心朝上，閉上眼睛。

2.專注、深沉、韻律的用鼻子吸氣和呼氣，感覺腹部隨呼吸上下起伏。

3.可以手指記錄呼吸次數，先由右手開始，每呼吸一次就由大拇指移到食指、中指、無名指、小指，接著換左手。

4.當其他思緒飄入腦海時，可將它分類（待辦事項、自我批判、教導等），再重新開始計算呼吸的次數。

每天都需要幾次短暫的冥想，集中思想在幾個字眼上，如：平

靜、放下、感謝、原諒、相信自己等，以改變意識狀態。一般的思考大都在煩惱某些現實問題，冥想可使人「停止焦慮」；藉著「冥想」的短時間放鬆，達到較長時間休息的效果。這種冥想稱爲**「集中式冥想」（concentrative meditation），藉著縮小注意的焦點，停止或減緩狂亂的思考，以消除思想中的壓力成分，回復內心的寧靜。**

每天都能靜坐幾次，專注力增強之後，即可以「開放的態度」將一些疑惑呈現出來，讓內心自由、多角度的審查，尋找有用的解決方法。運用「開放式冥想」（opening-up meditation），提升對自己思想與行動的覺察，知道正在做什麼以及爲什麼要做。覺察對所做的事感到緊張，在造成損失之前改變行爲，避免不必要的壓力與衝突。

在心中挑選你喜歡的山上、溪畔、海邊、草原、花園等場所進行開放式冥想，內在的言語或對話如下：

> 今天天氣很舒服，我想外出爬山。我穿上輕便服裝及好走路的球鞋，往登山口出發。上山後轉幾個彎，漸漸聽到水聲；山谷裡有一條清澈的小溪，溪邊有幾塊大石頭。我選了一塊合適的石頭坐下，溪旁還有不少的大樹可遮蔭。聞著清新的空氣，聽著潺潺的水聲，心情覺得特別寧靜。
>
> 有位灰長頭髮的智者也在溪邊，微笑的注視著我，等待我告訴他有什麼困擾；可以自由的向他傾訴，並聆聽他對你衷心的建議。交談後向他致謝，他則表示歡迎你隨時再回來。

這位智者其實是你內在最清明的理性，平時在紛擾的環境中，幾乎已被埋沒。藉由放鬆回到內心深處，找回人生或行動的「最佳解答」。

情緒管理練習

初學靜坐可從五分鐘開始，慢慢增加到三十分鐘或更久。先靜坐五到十分鐘，調整身心後，再靜坐第二次五到十分鐘，然後再第三次五到十分鐘。

靜坐之前先檢查肌肉是否放鬆：仰躺在柔軟的墊子或坐在椅子上，兩手放在身體兩側或膝上，專注的、深度的呼吸。從頭部及臉部開始，想像遍及整個頭部的前前後後，吸氣時檢查這個部位的肌肉哪裡緊張，呼氣時把肌肉放鬆，體會肌肉愈來愈鬆弛的感覺。按照「吸氣→呼氣→愈來愈放鬆→愈來愈舒服」的順序，接著檢查頸部、肩膀、手臂，再來是背部到臀部，最後是大腿和小腿。

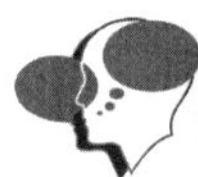

第二節　時間管理的訣竅

我們都不喜歡被事情追著跑，不喜歡被別人反覆催促，不喜歡熬夜趕工；但又常拖延工作到期限前才緊張，很怕做不完，做完也累壞了。不能「慢工出細活」嗎？常有人感慨：「怎樣才能兼顧工作與家庭，避免蠟燭兩頭燒？」（大多數是女性）許多人想好好休假，卻感嘆：「爲何三天兩夜的小旅行，都不可得？」

愈忙碌愈要冷靜思考，並非所有事情都一樣重要。平時就要訓練這種判斷力，清楚排出事情的先後順序。不需快快做完「所有的事」，而是保留足夠時間做「重要的事」。許多人因爲習慣不佳，總拖到「截止期限」才趕工。**「時間壓力」促發濃厚的焦慮，反而影響工作成果。**

☺為什麼總被時間追著跑？

要預防焦慮就須好好檢討，若事情太多則要設法「刪去」不必要的事，改掉「包山包海」的個性。若工作複雜則需較長時間完成，保險的做法是改變工作方式，也就是及早動工、分散完成。還要逮捕時間小偷，如：愛遲到、愛聊天、不守信用、愛指使或拜託別人做事、愛抱怨、不速之客等，他們會侵蝕你的時間及鬥志。有些人過度依賴或強迫你幫他做事，勉強答應將使對方得寸進尺，以後更難拒絕。

正確的時間管理觀念是：

1.判斷緩急輕重，時間只用在重要的事情上。
2.不僅準時、守時，更要提前。
3.我是時間的主人，而非時間催促我。

諸多因素，讓我們浪費或忽略了時間的價值，如：

1.不懂得拒絕：爲了人情、虛名、物質利益，「被迫」答應自己不想做的事。
2.事必躬親：不懂得分工、授權、協調、合作，結果樣樣得自己做。
3.想做的事太多：不懂得割捨，貪多務得、欲速不達。
4.不能掌握重點：生活安排沒有先後次第，常常白忙一場。

☺時間管理的技巧

什麼是時間的最佳安排與規劃，如：

1.訂定短、中、長期目標：短、中、長期的規劃是時間運用的藍圖，包含一段較長的假期（寒暑假）、一學期、當年度、三年、五年。不論未來是否能夠預測或掌握，仍須有計畫及方向，不可「順其自然」、「過一天算一天」。

2.「今日時間」的安排：每天需花些時間做「今日時間安排」，才能減輕心理負擔。可以分上午、下午、晚上三段規劃，執行率及成功率較高。將預定完成的事情，分別放入各「單位時間」內，並不只是工作，也包括運動休閒及人際相處。

3.「時間單位」彈性變化：基本上以「半小時」爲一個時間單位，最多不要超過一小時。做完某項作業或工作，估計需要兩小時，可分成二至四個時間單位完成，並與別的工作交替進行。例如，A、B兩件工作各需兩個小時，則可將四小時拆成八個時間單位，以「A1-B1-A2-B2-A3-B3-A4-B4」的順序進行。連續兩小時A的方法，並不理想，時間過長效率遞減，遇到的干擾也較多。再者，做完A之後，往往造成B的時間不足，體力及心力也枯竭，常因此放棄B或草草了事。

需要較長時間的工作，最好分段進行，避免「一氣呵成」；這樣會增加壓力，「品質」較差。另外，做事若能從較困難的事情開始，可以「先苦後樂」，快速減輕壓力。

每天進行時間計畫前，先將今日「工作清單」依緩急輕重排出先後順序，愈重要且困難的事，排在愈前面。需要較長時間的工作，則分段進行。但不必一直依照時間計畫進行，以免陷入緊張焦慮當中。除了規劃每日的行程，每週、每月、半年、一年的工作負荷，也需有清楚的瞭解與掌握。**將工作負荷量控制在體力及時間的限度內，千萬別逞強**。

4.隨時修正與自我激勵：如果不能依照時間計畫進行，不必感到挫折，這是正常現象；可能因爲其他事情的臨時加入，如果是非常重要的事，總不能拖延或讓別人等候。或是因爲「高估自

己」，希望變成無敵超人而超過負荷。此時要將目標「向下修正」，趁早接受自己的「有限性」。

5.維持環境整潔：東西亂放、未定位，不僅找東西、拿東西浪費時間，還會造成思考惰性，變得沒有條理，做事失去章法。平時養成隨手清理的習慣，如：吃完東西隨手清理桌面、餐具，立即把垃圾清走。回到家從放鞋子開始，將所有衣物一一歸位。求學或工作的課業及公文，都要有一定的擺放位置。起床就疊被子、浴後清理浴室等，環境「淨化」，才會產生美感與品味，過更高品質的生活。

6.一定要有休閒及運動的時間：成功人士都很擅長分配時間，日本管理學大師大前研一所著《OFF學——會玩，才會成功》一書，主張「下班後的生活，決定競爭力」。我國不少企業家深獲啓發（陶福媛、鄭朝陽，2008），奇哥董事長陶傳正充分授權，所以能安心演舞台劇、到電台當DJ、行腳天涯。他不鼓勵員工加班，五點半就下班，六點鐘公司就看不見人了。精品陶瓷「法藍瓷」的總裁陳立恆，下班即寄情音樂創作及彈琴，他花六百萬打造樂團練習室。按照《重新發現時間》一書所說：「我們從來也不曾像孩兒時那麼的有空閒、什麼都感覺新鮮、懂得做夢、訝異又全部忘記，以便好好享受現在。沒有過去的重量，也不用擔心未來。」（吳美慧譯，2001：98）這是長大後卻不懂得時間管理的悲哀！

適度運動及每天曬十五至二十分鐘太陽，有助於提升血清素濃度。以快步健走爲運動，每天走一萬步（其實不簡單），對控制體重、維持身材都很有幫助，心情當然快樂囉！

其他能提升活力的休閒活動很多，如：跳舞、演奏樂器（例如打鼓）、園藝等。最近有機會現場觀賞國際鼓樂節的演出，才眞正體會

「一鼓作氣」的意義與力量。「一鼓」指第一次擊鼓，「氣」是指勇氣。

許多小盆栽（仙克來、長壽花、種子森林等），價錢便宜甚至免費，花期頗長或綠意盎然，令人開心不已。在陽台、前院等小空間建置幾個小花圃，均有著無限樂趣。水族箱也是CP值很高的休閒（「魚菜共生」更妙），看著書桌前的魚兒游來游去，做事都更有靈感。收養流浪貓狗，抒壓效果更是第一。

情緒管理練習

開始逐步清理你的書桌、抽屜、書架、衣櫥，還有其他堆放很久，已經完全不知道是什麼東西的「黑洞區」。

第三節　人生的幸福筆記

血清素又稱「快樂情緒因子」，身體無法自行產生，必須從食物中攝取特定營養素，如：色胺酸、生物鹼、菸鹼酸、Omega-3脂肪酸及硒或維生素C、B1、B2、B6、B12等，才能合成。

☺快樂食物

能製造或提升體內血清素的食物就叫「快樂食物」，例如：牛奶、豆漿、豆腐、深綠色蔬菜、香蕉（公認快樂食物之首）、深海魚、雞肉、南瓜、櫻桃、深色李子、堅果、燕麥、蘇打餅、全麥麵

包、大蒜、葡萄柚、番石榴、奇異果。飽餐一頓後，吃幾片柑橘抒壓，可重新找回活力（蔡容喬，2014）。

甜食在短時間內會讓血糖急速上升，暫時產生興奮或愉悅感。但身體分泌胰島素後，血糖會急速下降，反而造成沮喪、焦慮感。高油的速食如炸薯條、炸雞、漢堡、甜甜圈等，因低密度膽固醇偏多，會阻塞動脈、產生自由基，導致神經元受損，影響神經傳導，也會讓情緒低落、焦躁。咖啡過量會引發心悸、憂鬱，過量飲酒會消耗大量維生素B群，讓身體產生壓力。飲酒後六至十二小時，會出現焦慮、恐慌感，讓心情更憂鬱。

☺一分錢不等於一分幸福

貧與富、苦與樂沒有直接關聯，以500元來說，可能不夠富人喝一杯咖啡，或即使喝了一杯500元的咖啡也不感到快樂。對窮人來說，500元可買到許多想吃的東西，每一口都無比幸福。快樂與否的關鍵，不在於有多少錢，而在於心態。要花500元之前，先想想如何創造自己及別人更多的幸福，尤其是金錢買不到的幸福。**錢愈少反而愈開心，或能捨棄表面的擁有，才是真正的幸福**。如神父、修女、牧師或法師等傳道人，將自己的外在收入完全奉獻，穿著與居住均十分簡樸。

人們常把幸福當成「理所當然」，例如食衣住行育樂等生活基本面，在不虞匱乏時感覺不到它的可貴。《囚出幸福：以愛為名的Cony重生筆記》（張心慈，2016）一書作者，與人共同創業遭到背叛而被判刑七年，他記錄了在監獄的基本生活面：

> 晚餐裝在塑膠菜盆裡，一間舍房擠進十七、八人（吃喝拉撒睡全在一起），睡覺就是在地板上墊上棉被，寫字就拿垃圾桶當桌子，電視只有大愛台可看，晚上八點之後不得交談，晚上九點熄

燈，當然沒有電腦。

與獄中「令人震驚」的生活相比，應該會覺得自己幸福無比吧！

☺延遲滿足

試試「先苦後樂」，能讓人加倍快樂，前提是先忍住不被眼前的享受誘惑。大多數人自欺欺人地說：「明天開始如何如何……」（如減重、運動、早起、寫作業），很難放棄眼前、立即的「快樂」（如美食、躺沙發、賴床、玩電腦遊戲）。體會不到苦盡甘來的滋味，只有一次又一次的後悔。

·•●理論基本功●•·

《先別急著吃棉花糖》（張國儀譯，2006）一書，介紹史丹佛大學一個代表性的實驗，目的是預測一個人的未來能否成功，結果證明「延遲享樂」是重要指標。

史丹佛大學心理學者沃爾特．米歇爾集合了643名四歲兒童，進行一場簡易而有趣的實驗。米歇爾告訴每位孩子，他得離開房間十五分鐘，如果回來時棉花糖還在桌上，就再給他們一塊棉花糖做為獎勵。結果，三分之二的兒童在十五分鐘內都吃掉了棉花糖。有些人只等了五秒鐘，有些人等一、兩分鐘，有人等了十三分鐘。沒有吃掉棉花糖的三分之一受試者，延遲滿足的方法包括：看著棉花糖、把棉花糖往後推、只舔一下。

十四年後，研究人員找到當年參與實驗的孩童，發現四歲時沒吃棉花糖的孩子，長大後的表現的確較佳。能順利就讀大學，入學測驗平均成績比吃了棉花糖的孩子高許多，與老師、同學、父母互動良好，適應力較強，較善於自我控制。

所以，成功與失敗不光是努力的程度或夠不夠聰明，更在於擁有「延遲享樂」的本事。這部分非常需要「自律」，要能控制且激勵自己達成目標。

☺快樂的小兵立大功

暢銷書《不抱怨的世界》一書作者威爾·鮑溫（Will Bowen），在《祝你今年快樂》一書開宗明義即說（莊安祺譯，2012：17）：

> 快樂是個因果循環的過程，它源自我們的思想、言語和行動，最後呈現在我們的習慣、品性與命運上。……學會適度的改變做法，才能眞正的改變自己。

威爾·鮑溫整理出下列讓人更加快樂的行動（莊安祺譯，2012：145）：

1.微笑。
2.爲他人行善。
3.規律運動。
4.睡眠充足。
5.適當的營養。
6.有意義、讓你獲得成就感的工作。
7.參與緊密結合社群。
8.擺脫紛亂的生活。
9.放下怨恨。
10.培養並表達感激之情。
11.精神上的聯結感，以及精神上的修行。

《赫芬頓郵報》（*The Huffington Post*）統整十六種經科學驗證、讓人更快樂的小訣竅（吳佳珍、鄭涵文，2014），如：微笑、去跑個步、祈禱、大笑、去公園散個步、行善、聽快樂的歌、昂首闊步、冥想、感恩日記、度假、和小狗玩耍、小睡一會兒、享受一杯好茶、擔任志工、性愛。

人們常以沒時間、沒錢或那是政府的責任等，不願伸出援手幫助別人。將快樂與人分享，是「己立立人，己達達人」。不快樂時若能幫助別人，也能減輕自己的痛苦。新聞曾報導，兩歲的曾晴小妹妹是肌小管病變患者，飽受痛苦卻生命力頑強，她不幸於2007年12月12日病逝。父親曾國榮牧師不僅幫她捐出皮膚和眼角膜，還呼籲大家一起器官捐贈。2008年1月27日這一天，五百位基督教教友一起簽下器官捐贈卡，創下單日捐贈人數最多的紀錄。

威爾·鮑溫認爲「善行」的對象是「所有的人」，包括你不喜歡的人（莊安祺譯，2012：181）：

> **你不認同的人，你覺得傷害過你的人，背叛你的人，你認爲不值得快樂的人，你必須願意看到他們所有的人都快樂。**

兒福聯盟公布「兒童幸福感」調查結果（董俞佳，2015），孩子的幸福來源不是手機、電腦或遊戲，而是家人健康、不要吵架。調查發現，**愈常跟爸媽一起吃飯、聊天的孩子，愈覺得幸福**。但三成四的孩子，每週跟爸媽同桌吃飯的次數少於三天。滿意度較低的孩子，與父母一起吃飯的天數也較少。近半數的孩子，一年內跟家人出遊少於兩次。近六成每天和父母聊天不到半個小時，有三成七表示父母幾乎沒有專心與他們聊過天。由調查可見，兒童非常需要父母的照顧與陪伴，但親子相處的時間卻不足。

兒福聯盟也在父親節公布「父子互動關係」調查報告，顯示**父子互動關係有三大警訊：不多話、晚回家、常神隱，近四成父親從未參加過孩子學校舉辦的任何活動**。孩子們喜歡什麼樣的父親？前三名分別爲：更常帶我出去玩、不要抽菸以及更常陪我說話。兒福聯盟呼籲，新好爸爸應貫徹「333運動」：一日與兒女暢談三十分鐘，一週在家與兒女三次晚餐，一年參加兒女校園活動至少三次。

情緒管理練習

哪些事情是你很想做，會天天自然地做而且愈做愈快樂的？
哪些事情是你很想做，做了一定更快樂但你卻沒有做的？
與幾個朋友分享，交換彼此的快樂之道。

☺擴大從外到內的改變

在鏡中仔細看看自己，像是「演戲」一般，強迫自己撫平眉頭、抬高嘴角、放鬆臉部肌肉，儘量展現笑容。每天花些時間打扮自己，以更得體、吸引人的穿著、化妝或髮型（可請有經驗、有眼光的人給予意見），都能讓心情轉好或振作。

二十六歲的警大女研究生謝佳蓁（賈寶楠，2010），年幼時因車禍驚嚇過度而嚴重掉髮。如今童山濯濯，常被誤認爲男子。她在桃園警分局實習，因外型不適合某些外勤工作，但這不影響她成爲好警察的決心。由於戴假髮不方便工作，所以她坦然以「眞髮」（幾乎沒有頭髮）示人。對於一個正值愛美階段的女孩，該怎麼面對及呈現眞實的自己啊？佳蓁實在是一位智者與勇者！

若心中充斥著憤怒、怨恨與不安，會不由得口吐惡言。這樣做，只會得到一時的快感，卻帶來更大的痛苦。別人可能「搧風點火」，使你的怒火更旺；也可能漠視你的感受，使你更加寂寞。**痛苦的事存在心中變成負面的「內在語言」**，如：噁心、恐怖、倒楣、受不了、萬一、怎麼辦、沒辦法、都是你害的、但是、糟了、我不會、不可能、我痛恨、氣死人等，**就是在啃噬自己，使心靈不得安寧**。

要努力以正面語言取代負面語言，轉換成：我相信、我眞幸運、我會努力、機會來了、我來想辦法、我喜歡、危機就是轉機、眞感激。

相關學習資源

一、電影

1.法國電影《微笑馬戲團》（導演：菲利浦·慕勒，2009）

推薦理由：單親母親貝蒂憑著勞力維持蜂園農莊及照顧十歲的兒子湯米，湯米出生以來就沒見過父親，母親對父親也三緘其口。沉重的生活負擔和一顆渴望愛情的心，讓母親臉上常常掛著憂鬱及感傷的表情，湯米很希望能幫母親重拾歡笑。

一天，湯米上學的途中看到有個馬戲團來到小鎮。礙於沒有合法文件，警察禁止該馬戲團在鎮上搭篷。湯米利用這個機會說服媽媽，在農莊收留這些有趣的馬戲團朋友。原本孤伶伶的湯米與媽媽，和馬戲團團員相處之後，感染到馬戲團表演者的熱情和快樂，媽媽也釋放了多年的悲傷，找到了眞愛。

《微笑馬戲團》當中有許多歌曲，給人一聽就想起舞的感覺，歌詞蘊含了各式各樣的人生道理，讓人自然地欣然接受。

2.希臘電影《我的廢墟生活》（*My Life in Ruins*）（導演：唐納德·佩特瑞，2009）

推薦理由：年輕的Georgia原在大學擔任歷史學講師，失業後除了尋找其他教職，也暫時擔任古蹟導遊的工作。她雖然熱愛歷史，但對導遊工作卻缺乏熱情。她的導覽解說雖然詳盡、有深度，但遊客興趣缺缺，幾乎沒人對她的行程安排感到滿意。加上她又常與客人發生衝

突，灰心之際，她決定帶完這一團就辭職。

遊覽車司機Prokopi看出她的努力與無力感，同時也欣賞及體諒她，決定從旁協助。在最後一團的工作裡，Georgia試著敞開心胸，接納這些難以伺候的客人。她傾聽他們的故事，關懷他們的情緒，漸漸與團員成了好朋友，從他們身上學到很多。還有項意外收穫——展開了她與司機Prokopi的愛情。

旅遊結束時，旅行社老闆告訴Georgia，這一團客人認爲她是最棒的導遊，大家都很喜歡她。此時，她也獲得某大學的教職聘書。找回工作熱忱之後，Georgia決定不回校園當老師，要繼續當導遊，且指定Prokopi當她的專屬司機。

《我的廢墟生活》中的「廢墟」原指希臘的名勝古蹟，也影射個人的心情。當Georgia改變想法之後，原本的生活型態並無改變，但心情已截然不同。

3.日本電影《海鷗食堂》（導演：荻上直子，2006）

推薦理由：《海鷗食堂》描述日本女子幸惠遠去芬蘭首都赫爾辛基開設食堂的故事。幸惠開店一陣子了，但生意冷冷清清，直到陸續認識幾位同樣選擇「出走」的朋友，情況才改變。這些朋友包括：精通日文但朋友不多的芬蘭青年湯米、害怕落單的寂寞日本女性小綠，以及在芬蘭丟了行李的正子。看完電影後，會使人想要重新調整生活態度，學會用更多耐性與寬廣的心，包容與接納生活中的挫折。

幸惠和正子不解：「芬蘭人看來都很安詳安靜」，一旁的湯米回答：「因爲我們有森林。」正子聽了立即去森林找尋「平靜的心」。回到食堂後，幸惠和小綠問她有沒有摘野菇，她說本來採了很多，後來全丟掉了。這象徵著人心滿足，就不需要緊抓什麼不放了。

《海鷗食堂》像一篇輕鬆易讀又具療癒效果的散文，有的是「隨遇而安」的寬大。不只要接受自己的過去，也要原諒與體諒他人的過去。後來「海鷗食堂」做出口碑，客人越來越多。幸惠、小綠、正子也都找到了自己想要的生活，三人共同經營這兼具日本傳統、芬蘭人也喜歡的食堂。

二、書籍

1.《山女日記：約翰繆爾步道上的28天》（呂奕欣譯，2016，Suzanne Roberts著，台北市：紅樹林）

推薦理由：作者大學剛畢業但因不知自己未來該何去何從，於是展開一趟長途健行，給自己緩衝及思考的時間。當時是1993年，美國經濟衰退、很難找到工作。她和一個運動健將、另一個有飲食障礙的兩位女性朋友，一起到加州最美的內華達山脈——約翰繆爾步道（John Muir Trail）「壯遊」，總計約三百四十公里。這趟幾乎純女性的健行之旅，讓作者逐漸克服依賴男性或由男性決定女性價值的迷思。將近一個月的健行裡，除了增強自信、眞正感受到大自然之美外，更重要的是找回屬於女性的信心及自己眞正想做的事，使未來不再迷茫。本書獲得美國國家户外圖書獎户外文學類獎項。

2.《呼吸的自癒力》（陳夢怡譯，2015，Richard P. Brown、Patricia L. Gerbarg著，台北市：康健）

推薦理由：本書作者Brown和Gerbarg是一對醫學博士夫妻，長年開設呼吸練習工作坊及診所，實際從事心理治療工作。本書除了詳細說明各種呼吸法之運作外，中文譯本還附有楊定一導聆、楊元寧監製的中文教學影片——呼吸的自癒力。

楊定一在本書導讀中特別強調，呼吸練習不僅可減輕壓力、焦慮，恢復情緒平衡，還能使人變得柔軟、慈悲、有同情心，與人建立連結。楊定一的女兒楊元寧參加過多次呼吸練習工作坊的課程，並擔任助教，親身驗證呼吸對身心的驚人轉化效果。

人際溝通的概念

- 人際溝通的意義
- 人際溝通的原則

自我覺察與領悟

在我讀大學及研究所期間，因為所學是社會科學的法政領域，所以比較刻板而自持，以為依據法條及規則，就可以處理或解決一切問題。常「自以為是」責難他人，說話「咄咄逼人」，使別人難堪而不自知。常以駁倒對方為樂，忽略他人的感受，使得周遭的同僚、朋友或同學，都有些敬我而遠之。當時還以為自己很行，自鳴得意而目空一切，不覺人際關係已亮起紅燈。

直到長子上了小學，有了自己的主見和看法，和父母之間產生許多隔閡及磨擦後。為了打破僵局，我立志考取國立台灣師範大學博士班，期盼在師大接受教育、心理及溝通領域課程的洗禮，使自己有所覺察與領悟，讓親子關係不再那麼緊張和感到無比壓力。

皇天不負苦心人，經過博士班各種管道的學習與接觸後，我在人際關係與溝通上有了長足的進步及改善。這起因於必須改進親子關係，才激發自我覺察與領悟，有動力摸索和實踐，慢慢打破其他的人際困境。

有此覺悟和收穫後，我不但身體力行，更開始推廣及教學，讓更多朋友，尤其是青年學子明瞭如何建立良好的人際關係。**和他人無礙溝通，是一項重要的「即戰能力」，所有人都須儘早有此覺察與領悟。**

我這邊的工作做完了，我們一起整理資料吧！兩個人比較快。

公司年度報告製作中

真的嗎？謝謝！差點以為我要自己留下來爆肝加班了......

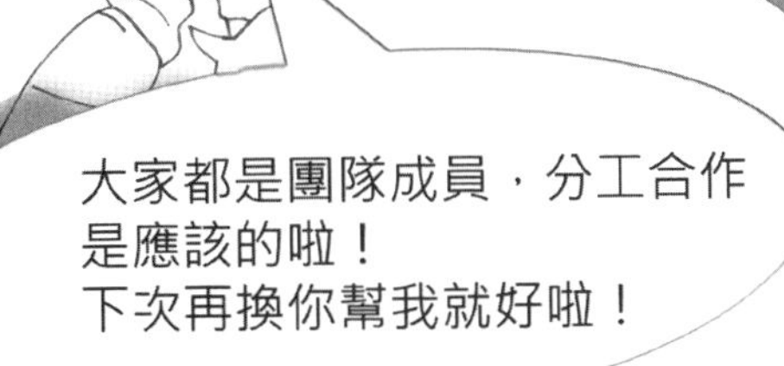

胡鈞怡／繪

第一節　人際溝通的意義

人際溝通（Interpersonal Communication）對於身處競爭激烈且人際互動頻繁的工商社會裡，是很必要、一定得面對的課題。大家須對它有更多瞭解、掌握，懂得其中的技巧。本章節中，先從人際溝通的概念探討起，分爲人際溝通的意義，與人際溝通的原則兩大部分。

☺為什麼需要人際溝通？

很多人會懷疑，爲什麼要和別人溝通？這個答案很簡單，你無法避免一定得和周遭的人發生關係。就算你不出門，也得和家人溝通；到學校得和同學、老師溝通；畢業後參加求職的面談或錄取後，得和老闆、同事、客戶溝通。

2005年上演的日本電影《電車男》，劇中主角是一個集「御宅族」、「網路男」、「秋葉男」於一身的網路系統工程師，與父母同住，平日主要開銷是買動漫畫、電玩與公仔模型，偶爾參加同人誌聚會，二十二歲了還沒交過女友。某日，他見義勇爲，在電車上救了一個被中年醉漢騷擾的年輕女子。兩天後她寄給他一對高級的愛馬仕杯子做爲謝禮，爲了回禮，他想約這位「愛馬仕」小姐吃飯。但毫無與異性交往經驗的他，不知如何是好，只得上網求救，在大家出主意及加油之下，終於鼓起勇氣打電話給「愛馬仕」小姐，約她出來用餐。由此可見，想認識女生，得先透過電話等相關的溝通管道。

爲什麼要與人溝通？不在於你主觀的感受或想法，而是客觀上的無從逃避。若你想和別人建立理想的關係，就得主動及持續地與人溝通。

☺人際溝通有何重要？

講到人際溝通的重要性，可以舉一位大家都知曉並十分欽佩的人物爲例，那就是美國微軟公司總裁比爾・蓋茲。

1994年，蓋茲應邀到台灣訪問，才三十九歲的他，已是全球首富。一堆記者追著訪問，一位記者問道：「蓋茲先生，您這麼年輕就成爲全球首富，請問是如何辦到的？」蓋茲微笑地說：「很簡單！」大家聽了他的回答都一頭霧水，成爲全球首富是件很簡單的事嗎？爲什麼我到現在還不是全球首富呢？

接著他說：**「很簡單，但必須溝通、溝通、再溝通！」**他進一步解釋，平常他在公司很少穿西裝、打領帶，大都穿T恤、牛仔褲和運動鞋，方便直接跑到第一線員工的身邊，聽聽他們對公司的意見；再回總公司和中層主管溝通，接著再和高層主管溝通，最後和公司決策階層溝通。形成公司的政策後，下達給所有員工執行。因爲經過層層溝通，大家對這些決策都很瞭解與支持，才能上下一心全力配合，公司業績自然蒸蒸日上。因此身爲總裁的他，就很容易成爲全球首富了。

在家庭中，我們想買什麼心愛的東西、發成績單或需要零用錢時，都得和父母溝通，才能如願以償。隨著年齡增長，自己選讀學校科系、未來的職業或出路等成家立業的大事，也需要與關係親密的家人、老師、朋友商量，得到他們的認同與支持。迷路時，得和問路的對象溝通，才能經由指點找到正確的路徑。人生有好多事情要向別人請教、要與別人合作，溝通怎麼會不重要呢？

☺人際溝通的定義

依據凡德伯等（Rudolph F. Verderber & Kathleen S. Verderber）探討，**人際溝通是有意義的互動歷程，……指在某一段時間中，有目的地進行的一系列行為**（曾端眞、曾玲珉譯，1996：5）。例如和朋友通電話十分鐘，目的在討論或分享事情，使彼此情感更增進或解決問題。下課和同學談話五分鐘，目的在交流資訊，使自己增廣見聞。回家和父親交談二十分鐘，目的在敘述學校發生的事情或分享自己的心情，使親子關係更親密。升學面談時和教授對談十五分鐘，目的在獲得教授之認同，並給予高分，使自己順利升上理想學校。以上這些溝通行爲，都具有某種特定目的。

人際溝通中的「意義」，是指溝通行為中顯示的內容、意圖及其被賦予的重要性（曾端眞、曾玲珉譯，1996：5）。假設向父母要零用錢，「零用錢」就是溝通的內容，向父母「要」就是意圖。而重要性係指溝通的價値，也就是向父母要零用錢這件事必然「非常重要」。

人際溝通中「互動」的意思，是雙方在溝通歷程中，彼此對於溝通當時及溝通之後形成的意義均負有責任（曾端眞、曾玲珉譯，1996：5）。如：你向同學借筆記來參考，就是一種互動的歷程。對方同意借或不同意借給你，就是一種互動。雙方的互動方式，都會對溝通結果產生影響。

後來，凡德伯等再補充人際溝通的定義爲：**人們創造與維繫關係，並在創造意義的過程中履行雙方的責任**（黃鈴媚等譯，2007：19）。所以若沒有溝通，關係可能就不存在，透過溝通才能創造所期待的人際關係。

更進一步來說，溝通的歷程包含四項重要因素，就是溝通者（communicator）及訊息來源（source）、訊息（message）、傳遞管

道（channel）以及溝通訊息的接收者（receiver）。

參與溝通歷程的「人」，是溝通中最重要的主體，「個別差異」會影響溝通的程度及效能，這些差異包括：生理、心理、社會經驗、知識和技能、性別和文化等（鄭佩芬，2003：8-10）。

訊息傳遞之前，須先將意義予以結構化，才成之爲訊息。**訊息的出現型態稱之為符號（symbols），這樣的歷程叫做編碼（encoding）。收訊的一方將符號解構為意義的歷程，稱為譯碼（decoding）。**

訊息形成以後，經由各項感官及知覺管道傳遞。口頭的訊息是指不管面對面或經由電話等，以音波傳遞給另一人。而文字和非語言訊息包括：符號（不管是書信或網路）、眼神、表情、姿勢和動作，是經由光波傳遞。甚至觸覺、嗅覺都是溝通的重要管道，不同的管道通常會同時運用。

理論基本功

一、人際需求論

人際關係乃在滿足人類的基本需求，人際關係是否改變、建立與維持，端視雙方的需求程度是否一致。社會心理學家舒茨（W. Schutz）在1958年提出人際需要的三維理論，認為人類有下列三種最基本的需求：愛（affection）、歸屬（inclusion）與控制（control）。

愛的需求過強，是「過度人際關係化」（overpersonal）的人；愛的需求適中，是「適度人際關係化」（personal）的人；愛的需求缺少，是「缺乏人際關係化」（underpersonal）的人。

歸屬需求強，是「過度社交化」（oversocial）的人；歸屬需求適中，是「適度社交化」（social）的人；歸屬需求弱，是「缺乏社交化」（undersocial）的人。

控制需求強，是「獨裁者」（autocrats）；控制需求適中，是「民主者」（democrats）；控制需求弱，是「逃避者」（escapists）。

人際關係的和諧，來自於人際之間上述三方面需求的相容互補，反之，人際需求相悖衝突，人際關係的發展自然不良甚至惡化（詳參徐西森、連廷嘉、陳仙子、劉雅瑩，2004：007-008）。

二、社會交換論

最早是由霍曼斯（Homans, G. C.）於1950年代根據Skinner的操作制約行為論發展而來，1960年代，另有Kelley及Thibaut兩位學者也認為人際關係是藉由互動時雙方所獲得的報酬（reward）和代價（cost）的互換結果決定。報酬是人際互動的增強物，常見的報酬包括：好感、聲譽、經濟收益及感情需求的滿足等，代價則是人際互動的負向後果，諸如時間的浪費、精力的花費、財物的損失、聲望的下跌及焦慮、不滿、痛苦之類的不良情緒等。

成本少利潤高的人際投資，當然符合經濟效益。投資報酬率決定了人際互動關係的吸引力，但有時也會因特殊情況，導致一個人的人際關係長久處於代價高於報酬的不理想狀態。對此，Kelley和Thibaut提出「替代性選擇水準」（comparison level of alternatives）的概念，亦即人際關係與溝通持續與否，取決於一個人覺得是否有其他的選擇機會。若無替代性的選擇或選擇水準極低，則當事人只能繼續維持並忍受此一高代價低報酬的人際關係。

基本上，人際溝通是相對的，其交換是互補交換（complementary exchange）、對稱交換（symmetrical exchange）（黃鈴媚等譯，2007：28-29）。

人際溝通中，基於心理與道德的需求，彼此要適當地交換。例如師生關係的建立，老師必須包容學生若干不理想的表現，但也必須有所控制，以利學習和兼顧教學成效；但不適合以「獨裁」或「逃避」方式來處理，以免造成師生對立或教學現場脫序。只能使用「民主」方式來進行，在師生雙方都同意的狀況下「約法三章」，既能兼顧師生情誼，也能適度包容，使他們有歸屬感，更可在受控制的範圍內，

達成學習效果，這就是人際需求論的具體展現。而老師付出時間、耐心、腦力，認眞教學後獲得成就感——學生的改變與感謝。學生要找資料、寫報告、實驗與實習等，努力學習後的自我提升——找到理想的工作，則是社會交換論的具體展現。

人際溝通練習

你害怕人際溝通嗎？人際溝通對你來說有何困難？請運用自我察覺，找出溝通困難背後的原因。

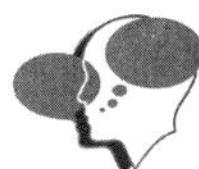

第二節　人際溝通的原則

人際溝通的原則很多，在此選擇最重要的項目先行闡述。

☺消除本位

人際溝通要成功，首先得消除自我本位觀念。每個人都很自然的以自己的想法和立場出發，碰到問題會先想到對自己的影響，也會以自己的觀點來衡量別人。但如果每個人都站在自己的立場，都只爲自己著想，一定無法和他人取得交集與共識；要相互體諒、獲得共識，恐怕難上加難。

例如親子之間因成長環境與觀念不同，常在生涯發展、朋友與婚姻、價值觀等方面，發生嚴重衝突。父母有他們的想法及立場，身爲子女的，也有自己的想法和立場；如果雙方都各執己見，彼此的溝通必然困難重重。只有雙方放下己見且消除本位，方有可能讓彼此的意見交集，溝通才能較為順利。

尊重他人

日常生活中，如果**欠缺對他人的尊重，將會嚴重影響人際關係，也是一種不道德的行為**。如在公共場合大聲喧譁，是對在場其他人的不尊重。開會時別人正在發言，你卻在台下聊天或插嘴，是對主席及其他與會者的不尊重。排隊買東西或電影票時故意插隊，是對排隊者的不尊重。該繳交的作業或需要完成的工作，你卻拖延、不配合，這是對收作業者或團隊成員不尊重。任意超速、超車、違規轉彎等違反交通規則的行為，更是嚴重藐視法律與他人的生命財產，是極端不尊重他人的不道德行為。

有道德的溝通者，對於他人的想法、意見以及感覺，都會予以尊重。**個人的富裕與否、工作階級或種族背景，都不應影響我們敬重他人的程度**。我們通常以聆聽或理解他人的觀點（甚至在他人的觀點與我們存在相當大的差異時），展現對於他人的尊重（黃鈴媚等譯，2007：32）。

如果你平時就不知道尊重的重要，一旦需要與人溝通協調，對方也不會樂意和你溝通，到時你就會嘗到不好受的滋味了。不懂得尊重他人，別人也不會尊重他。尤其**當別人和你意見不同時，更該先積極聆聽對方，展現尊重他人的氣度。可惜多半的情況是容易與人格格不入，使溝通更不可能**。可見要做到尊重他人，遠比想像的困難許多。

熱情對待

「冷漠」是溝通最大的殺手，不管我們懂得多少溝通技巧，若不能以熱情對待別人，就無法獲得對方的好感與支持。對別人冷淡，對他人

的事情漠不關心，不願意為對方付出，必然很難獲得回應和認同。

師生關係中，學生與老師都以最大的熱情彼此相待，教與學就會形成良性循環。如果學生對老師說：「我最喜歡上您的課了，因為您永遠是那麼認真的付出！」因為如此，師生溝通暢快無比，學生樂於來上課，老師覺得應以更大的教學熱情來回饋學生。

☺大方自信

有些人也許因為自信不足，與他人互動顯得扭捏、不夠大方。關於此點，前中央研究院院長李遠哲曾經說過一個親身經歷的故事。

2001年，諾貝爾物理獎得主楊振寧八十大壽時，李院長作東請他餐敘、為他祝壽。席間李院長向楊振寧坦白：「四十年前我在美國普渡大學任教時，有一天您來本校演講，大家都想一睹諾貝爾獎得主的丰采，於是爭相趕來聽演講，我也不例外。聽完您的演講，當時我有三個問題想提出來請問，可是經過四十年過後的今天，我還是沒有勇氣問您。」

最後，李遠哲先生為這段經歷下了一個結論，他說：「台灣的學生空有滿腹雄心壯志，卻不太敢表達。」李遠哲也是在台灣接受完大學教育後，才出國讀書。之所以不太敢表達，可能是不夠大方自信，才會使自己與他人的互動產生障礙，錯失了與人建立關係或自我成長的機會，這是非常可惜的狀況。

☺主動積極

如果無法主動積極，將喪失許多和人認識或請教的機會。如有一位學生在課堂上不夠專心，被老師責備。下課後他鼓起勇氣，跑去追上老師，因自己的犯錯而主動找老師溝通。他說：「老師，上課不專心的確是我的錯。但我分心是有原因的，老師，您想聽聽嗎？」

他劈里啪啦一口氣說完上述這番話，心臟噗通噗通地猛跳，深怕平日嚴謹的老師惱羞成怒。沒想到，老師驚訝地望著他，居然給了他粲然一笑，拍拍他的肩膀爽快地說：「好小子，到我辦公室來說。」他開心的點點頭，發現老師嚴肅的背後，仍有顆善解人意的心。雖然和老師只是一次短暫的晤談，在他生命裡卻是跨出了一大步。

任何人際相處存在著誤會和成見時，其實可以化消極為主動，找對方解釋、澄清，將可提升自己生命的層次與視野。創造出非常不一樣的效果，甚至讓你勇氣倍增。

☺溝通不可逆

當我們在和他人進行溝通時，必須特別注意，溝通一旦進行了就無法再回頭，話一旦說出口，是無法消除或更改的。當我們因某件事情和他人溝通時，即使因一時氣憤或情緒不佳，說了一些難聽或不得體的話；一旦說了，溝通已經進行，即使想要挽回或道歉，傷害已經造成，是無法回復的。

現在非常流行的溝通方式是網路，不論是電子郵件、line或是臉書，一旦發送或公布出去，想要撤回、刪除或取消都不太容易，發送出去且已被他人截圖，就算撤銷、刪除或更改，都已無法挽救。

因此當我們想要進行溝通前，一定要非常注意與小心，**不論是面對面，還是透過網路溝通，都要先確定有無錯誤或疑問**，一定要先選擇溝通的內容，什麼是重要、必須說，什麼是錯誤、不得體、不該說，先確定好了，才能開始進行溝通，以免造成不可逆的後果。

☺道德與倫理抉擇

溝通時必須審愼思考一項很重要的基本原則，就是道德及倫理的抉擇。溝通也是一種行爲模式，它必須符合道德的原則，也要面對倫理的考驗。

學者Richard Johannesen（1996）致力於溝通倫理的研究，它認爲合乎倫理的溝通，應該是溝通雙方產生平等關係、彼此關心，以及以眞誠與同理心待人（游梓翔等譯，2012：26）。

如目前在溝通上最常見的現象，就是透過網路或躲在網路之後，以匿名或化名方式，對於自己所不認同或氣憤的訊息，以爲對方不會見到你，於是肆無忌憚地展開惡意攻擊或無禮的謾罵，導致網路上出現許多所謂「正義魔人」；既然被稱爲「魔人」，就必然不符合前述學者所說的溝通倫理原則，甚至有違法之嫌。對方可以透過網路IP位置查出你是誰，據以控告你，你可能因此吃上官司。所以，在網路隨意發言謾罵，不顧道德與倫理抉擇之人，不可不愼。

另外，**我們常會在和他人溝通時，以自己的好惡來應對或討好他人**。如果對方是你喜歡或認同之人，即使對方做的事是錯的，你也會想法幫他脫罪或爲他說好話；相反的，如果對方是你討厭或不欣賞之人，即使對方做了許多好事，你也不會認同或認爲沒什麼値得如此炫耀。可是一旦對方做錯事或做的事不被你認同，就會毫不思索的對他惡言相向。**這些溝通行為，都有違平等關係及以真誠待人的倫理原則**，也是我們在溝通時必須面對的道德與倫理抉擇的課題。

☺建構意義

在溝通中還必須注意，我們所說的話或聽了他人說的話，有否建構出意義。因為即使同一句話，如我們對某人說「你好奇怪」，說這句話時，你一定會對這句話有所詮釋，你說他好奇怪是為什麼？具有什麼特殊意義？是他做了哪件不該做的事，讓你感覺奇怪；還是他有什麼狀況發生，讓你覺得很怪；或是他的行為舉止讓你覺得怪怪的。這些都必須先建構出你說此話的意義到底為何？才有可能進行溝通。

對方在聽了你的這句話之後，也會詮釋這句話代表什麼意義。是自己表現很怪，還是做了什麼事情很怪，或自己眞的不知道哪裡很怪，卻被你說成很怪。這都會因彼此對這句話的不同詮釋，而有溝通上的差異。**雙方互相詮釋的意義要能接近或相同，才有可能展開有效溝通**。

另外，我們說話時的意思，也會隨著時間、經驗或心情而改變。如對方和你開個小玩笑，若你的心情很好，對方是你的熟朋友，你知道對方沒有惡意，於是你對這個玩笑欣然接受、哈哈大笑或覺得對方眞有意思，甚至因此使雙方感情拉近不少。可是相反的，若你那時心情沮喪，即使對方是你的好朋友，他也沒有任何惡意，你聽到這個玩笑話頓時覺得很刺耳，甚至會以為他在諷刺你，且刻意挑這個時間點來刺激你。這時，即使對方是好意，也會被你視之為惡意，使雙方關係受到很大的負面影響。

由此可見，當我們說話時，不但要注意彼此對話時的建構意義，更要提醒自己注意對話的時機、對方和自己的經驗狀況與雙方的心情。**尤其是心情，對當下說話時的建構意義有極大影響**。設想周全才能正確建構出當時說話的意義，以免說錯話、表錯情，不但無助於彼此的溝通，反而造成負面效果。

☺維繫關係

人際溝通為的就是能建立與維繫關係，且是良好的關係。人與人

之間須透過一次一次的溝通，增進雙方的瞭解、促進情感交流，使雙方的關係逐步拉近、親密，並能持續下去。

如男女兩人初次見面，若產生好感，也很欣賞對方的表現，就會向對方要電話或手機號碼，接著加入對方的line及臉書，經由這些管道進一步聯繫與溝通。等彼此若干次聯絡，溝通了許多訊息，更瞭解對方許多基本資料和家世背景之後，再決定是否進一步成爲好朋友。

經過不斷的溝通，才能維繫一份得之不易的友情。彼此若都想和對方進一步溝通，並產生陪伴的需求，成爲眞摯的朋友，就要增加見面的次數與情感的交流。等雙方都有了良好的感覺，就會發展成相互鼓勵與幫助的知交，也就是益友，雙方的溝通會更加順暢無阻。

彼此在互動時，若發現差異較大或意見不合的時候，就需要不間斷或更細緻的溝通與磨合，以免彼此的關係、距離與差異變大。這時若不小心因情緒激動或氣憤而口不擇言，造成彼此關係的裂痕，就要趕快處理。偶爾拌個嘴或吵吵架沒有關係，其實這也是一種溝通；只要雙方能開誠布公地溝通，反而能促進進一步的瞭解，縮短彼此的差異，使感情增溫。

雙方歷經衝突的考驗後，彼此的關係若還能繼續維繫，就可以發展到情侶關係。此時更需要深入溝通以支持對方，如果還存在著無法解決的差異，將會前功盡棄，雙方鬧得不愉快，爭執會越來越多、越來越明顯。如果還沒警覺到問題的嚴重，依然我行我素，未能積極溝通，最後只好走上分手一途。

不論是愛情與婚姻、家人與朋友、工作夥伴，**要解決雙方的歧見和爭執，弭平彼此的差異或誤解，都得依靠「溝通」，才有可能繼續維繫得之不易的關係**。

溝通雖不是萬靈丹，但可以經由溝通滿足許多需求，與人建立信任的關係。如我們生病了，醫生除了開藥給你服用，還得遵從醫生的叮嚀或囑咐，在生活習慣或飲食運動方面，做許多的改變，否則無法把病眞正醫好。尤其得了重病或絕症的人，若慌了手腳，不願意聽從醫生的囑咐，好好進行醫療、手術或其他事項（如減重、忌口），反而相信偏方或求神明保佑，造成病急亂投醫，不但沒醫好原來的病，還造成身體其他部分不良的後遺症。最後弄得醫師也束手無策，此時醫病之間再多的溝通或互動，也無法挽回既成事實。

又如我們常在新聞報導上，見到有人虐待小動物或貓、狗等毛小孩；雖然我們都覺得非常不可思議，怎麼有人如此狠心對待這麼可愛又有靈性的小動物？可是人心就是有這麼大的差異，你說這些毛小孩很可愛，有人就是看流浪動物不順眼；爲了滿足自己的快感、發洩不愉快的情緒，以虐待牠們爲樂，完全沒考慮到這些受虐小動物的痛苦慘狀；甚至認爲這些動物就該如此對待，牠們沒有任何權益可言。對於這些虐待動物者，光是和他們對話與溝通，無法發揮任何功用。只有藉助法律的強制力，採取立法方式來保護這些動物，並給予這些虐待動物者應有的法律制裁或強制他們再教育。

溝通不是萬能的，它基本上是柔性且自發的彼此尊重、相互關心及同理心對待。就許多問題而言，溝通的方式無法有最佳的解決效果。當然，除了法律制裁之外，遇到問題還是可以先行溝通，經過若干次溝通或各種溝通方式都無效之後，只好使出強制力，靠法律來解決。**「法律是溝通的最後一道防線」，溝通做不到的，只好訴諸法律。**

人際溝通練習

和他人溝通時，會覺得害羞與怯懦嗎？缺乏自信和大方的態度，對人際溝通有何影響？請想出可以具體改善這項缺點的可行措施。

相關學習資源

一、電影

美國電影《美麗境界》（導演：朗．霍華，2001）

推薦理由：這是一部根據眞人實事改編的電影，劇中主角約翰納許因爲博士論文的「納許均衡」理論，於1994年獲得諾貝爾經濟學獎。電影從他就讀普林斯頓大學博士班敘述起，就像他自己所說，一直以來他都是孤獨一人，沒有朋友也不喜歡上課，經常缺課又恃才傲物，活在自己的研究天地，與同學甚少往來，獨自一人住在宿舍。他的言行在外人看來，非常奇特也無法理解，導致人際關係極差，毫無人際溝通可言。

因爲如此，導致他罹患「精神分裂症」（目前已改稱「思覺失調症」）。發病後經醫生追蹤，發現他在博士班時期就已發病，且此病無法根治，只能靠藥物控制。爲了克服此病，除了服藥，醫生建議他回到熟悉的環境，並勇敢走向人群。

於是他帶著全家人，包括夫人和小孩，一起搬回母校普林斯頓大學附近居住。平時夫人上班賺錢養家、小孩上學，他就到普林斯頓大學校園閒逛。後來經由他博士班同學（當時已任普林斯頓大學數學系主任）的幫忙，讓他在圖書館裡閱讀、研究，並到數學系旁聽課程。他不畏他人異樣的眼光及戲弄，勇敢走入課堂及人群。

經過二十餘年的努力，他終於能和別人互動，開始有較佳的人際關係，甚至有年輕學子慕名來圖書館向他請教，越來越多學生喜歡親近他，最後還獲得系上同意，回數學系任教，最終獲得諾貝爾獎的肯定。

二、書籍

《圖解卡內基人際溝通》（溝通達人工作室，2007，台北市：商周）

推薦理由：戴爾·卡內基生於十九世紀末，他創立的卡內基訓練以及人際溝通的方法與理論，於二十世紀發揮巨大的影響力，被很多人奉爲追求成功的最佳工具。更有無數人以其觀念爲藍本，進一步闡述人際關係的重要與溝通技巧（台灣地區最具代表性的人物就是黑幼龍先生）。

時至今日，他的影響力仍無遠弗屆。本書即以卡內基的謀略與訓練爲藍本，將其人際關係及溝通的理論與技巧，以簡明、清晰與扼要的方式加以闡述，並輔以圖解說明，使讀者能迅速閱讀和理解運用。

更希望藉由卡內基大師的指引，爲人際往來及溝通感到困惑的莘莘學子，點上一盞明燈，幫助大家以最簡單有效的方法，突破人際溝通的障礙。這也是一本人際溝通的入門書。

聲音運用與說話特性及內涵

- 聲音運用
- 說話的特性及內涵

自我覺察與領悟

生平第一次上台演講，是在我讀幼稚園大班時。那時民風保守，大家都怯於表達，尤其上台發言或回答老師問題。由於我生性較為大膽，又喜愛表達，因此有機會說話時，都會主動出擊，也樂於回答老師的提問。老師就習慣叫我上台或點我發言，進一步就成為朝會升旗的小主持人，並被選派代表幼稚園參加全市（當時住台南市）幼兒園的演講比賽，地點在台南市立社教館。

當時的演講要背稿，而且講稿是爸爸寫的。等完全背好也經過園長驗收後，我懷著緊張的心情去參加比賽。當天上了台，問完好後開始演講，不料因為緊張而導致腦袋一片空白，背得滾瓜爛熟的講稿都不知溜到哪兒去了。我愣在台上，只有兩條路可走，一是下台一鞠躬，二是憑自己的記憶，以自己的童言童語來演說。

好在那時我沒有選擇第一條路，我以自己的方式繼續演講，發現越講越順，也逐漸想起了稿子的內容，於是很順利講完並下台。原本以為忘稿不可能得名，意外的我卻獲得第三名。評審講評時說，我雖忘稿卻知道及時應變，而且以小朋友的語言來講述，更生動、自然，能讓台下的小朋友聽懂。

語言表達絕非天生或天份，得靠後天不斷努力練習，才有可能變好。而且要盡可能早點開始，再經多年磨練，才會達到期望的成果。

微TED演說比賽

看著前面觀眾，聲音要宏亮，
咬字要清晰，語速不要過快，
要清楚的將內容傳達給每個人！

不能辜負陪我練習的大家！

以前

太小聲，
聽不到啊！

講太快了根本
聽不懂，
重來！

胡鈞怡／繪

語言表達是人類特有的方式，動物雖然也有語言，與同類間透過不同的鳴叫聲可以溝通。但為何人類無法經由學習這些不同的鳴叫，而與牠們產生溝通，這就牽涉到語言的特質。

語言不僅是發聲，還包括符號、語意、語言邏輯等不同的元素。經由這些元素的組合，語言才產生不同的意義。再經學習和不停練習，方能使語言發揮出確切且完整的訊息，達到溝通的效果。此種語言的發展與溝通，只有人類能做得到，其他動物無法達成。這就是為什麼人類可以經由語言的學習，和別人產生有意義的溝通；經由不同語言的學習，和其他國家的人可達到完整的溝通。

但，人類具備此種獨特的能力，就一定能和他人溝通順暢嗎？這倒也未必。因為，如果不經由學習，使自己善加利用語言與溝通能力，恐怕仍會產生許多溝通的障礙與問題。所以說，具備語言能力是一回事，能否善用語言能力與人溝通，又是另外一回事。**要從先天具備語言能力，到後天善用語言能力，這期間除了學習及練習外，別無他途**。

要能夠善用每個人的語言能力，使它成為和別人溝通的利器，就必須經由聲音運用與說話特性及內涵等兩大部分來分別探究。

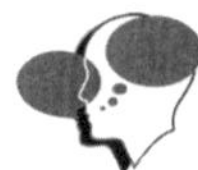

第一節　聲音運用

說話時，聲音過小或過低，給人的印象是信心不足，連帶對你也失去信心，溝通自然無法順利進行或達成目的。反之，聲音過大或過高，給人的印象是壓迫與情緒失控，也使人無法冷靜地與你應對。

看電影時聽不清楚，還可靠字幕輔助；但交談時若咬字不清，「有一句沒一句」的情況下，必然使人失去與你繼續溝通的興趣。

☺音量

當我們說話或語言表達時，首先需要知曉的技巧就在音量的控制。說話時，音量的大小攸關溝通成敗至鉅。因爲音量的適中與否，直接影響聽者的感受，這些感受基本區分爲以下四項：

一、怯懦型

我們時常發現有些人和人說話時，聲音小的像蚊子叫。問他爲什麼那麼小聲，得到的回答竟是：「我不敢大聲」。再問爲什麼不敢大聲，他則說一直以來都是如此。由此顯現這人的個性膽怯又不知如何改善，久之就變成一種習性，講話越來越小聲，膽怯之心也愈發嚴重，導致自信更加欠缺，和別人的溝通自然發生問題。惡性循環之下，愈來愈不敢和他人接觸，變得自我封閉、孤立在人群之外，因此形成溝通障礙，人際問題自然不少。

音量要如何改善？人不是收音機或擴音器，不能將聲音的控制鈕開大，使聲音自然放大。之所以說話很小聲，一定跟成長背景、內心狀況或習性有關。即使知道自己說話很小聲，會影響溝通的效果和觀感，可是要有效地放大音量，還是很難做到。因爲這牽涉到自信心的問題，所以**要克服的不是音量，而是信心不足的心理障礙**。

必須從心理建設開始，逐步重建或找回自信，才能眞正改善音量過小的問題。建議採取以下四種措施，多多嘗試就能改善現況。

(一)找機會和他人交談，增加自己的膽量和說話練習

有人個性膽怯內向，很少開口說話，連和父母親都久久說不上一句話。不得不說話時，也只見嘴唇動，卻聽不到說些什麼。直到選修和溝通有關的課程時，老師見到他這種情況，請和他編在同一組的同

學多和他交談，也鼓勵他多和家人及身旁同學說話。經過一學期的努力，終於能在期末主動到老師辦公室來聊天，跨出了一大步。

(二)參加社團磨練應對能力與自信

有許多學生積極爭取擔任社團幹部或社長、學生會的總幹事、系學會的會長等，問這些學生爲什麼？得到的回答都是磨練自己的膽識和溝通能力，爲社團服務以及學習辦活動等。這些同學談吐有條理、舉止大方，說話音量也適當，表達力的確比較優秀，更容易獲得別人的認同。所以，缺乏自信、說話怯懦的人，更應該參加社團、勇敢的擔任重要幹部，給自己磨練的機會。

(三)參加演辯比賽，增進台風和說話功力

有位廣播節目主持人接受聽衆call-in時，接到一位小學六年級女生的電話，她說起話來頭頭是道、十分大方，讓主持人非常訝異，覺得她怎樣也不像只有小學六年級。問她爲什說話如此俐落？她回答經常參加演講比賽，因爲班上同學都害怕上台，沒人要參加，她只好硬著頭皮去，沒想到因此打開自己的眼界，磨練了說話的技巧，也變得越來越敢上台說話及表達自己的意見。

的確，東方文化背景下成長的學生，大都害怕上台說話，所以老師更必須要求他們上台報告。其實上台說話的效果遠比想像得好，到了期末，大多數學生都會承認很有收穫，是課程中最有印象、記得最清楚的地方。**一旦突破了上台恐懼，就能大方及大聲的說話了**。

二、緊張型

膽怯、沒自信的人說話小聲，緊張型的人則是聲音顫抖或發不出聲音，這也是音量問題的類型之一。

緊張是人的基本情緒，在某些情境下的緊張，是正常且無法避免

的。但緊張也有程度之分，適度的緊張不但無害，反而可讓你表現得更好。過度的緊張往往讓人手足無措，就會影響正常表現。

如何讓自己說話時不過度緊張，以致影響呼吸及發聲？這就有賴以下三項措施：

(一)調節呼吸

說話發聲得靠呼吸，當我們感覺緊張時，應先緩和自己的情緒，多做深呼吸或腹式呼吸，等心情較平靜後再開口說話。過度緊張又想趕快說話，只會讓自己更緊張，也會因而喘不過氣來。勉強說出口的話，也變得顫抖而小聲，讓人聽不清楚。

(二)避免陌生

所謂「一回生，二回熟」，只有常接觸才能去除陌生感、減輕緊張感。當你第一次和陌生人交談，一定會緊張，多交談幾次後，就能較放鬆了。同樣的道理，第一次上台說話時會很緊張，多幾次上台以後，就會因熟悉情境而忘記緊張。

(三)隨時準備

充分準備是克服緊張的法寶，預先做好萬全的準備，當事情來臨時，不但能臨事不亂，而且能急中生智。說話亦是如此，當我們做好心理及實質的準備，不論和陌生人交談或上台說話，就不會那麼緊張了。

三、自大型

缺乏自信會使音量過低或過小，反之，過於自信則可能使音量過高或過大，使聽話者感到不舒服。比起聲音過小，聲音過大更易破壞人際關係。這包括：

1.咆哮或吼叫：企圖引人注意，壓制他人的聲音，其實是在掩飾自卑感或心虛。
2.故意提高音量：以較尖銳的聲音去干擾他人說話，好讓自己可以說更多的話。
3.與人爭吵：想以大聲說話來吵贏對方，使自己處於較優勢的地位。

以上這三種自大型的發聲方式，雖然音量很大，卻無法眞正達到對話的效果，反而使對方反感，傷害了該有的溝通與關係。此種發聲方式，既不恰當也不足取，應儘量改善，避免重複犯錯。

四、目中無人型

我們一家人曾於暑假去歐洲旅遊，在餐廳用餐時，一群人邊走進餐廳邊高聲談笑，完全不顧其他客人在場。想當初台灣地區的民衆有能力到國外旅遊時，也曾被外國旅客詬病這一點，如今已大幅改進。但這種「目中無人型」的說話音量，還是隨處可見，包括：

1.不管是否爲公共場合，不少人說話音量很高甚至大聲喧譁，完全不顧他人的感受。
2.在社區住家或辦公室，說話聲音過大，即使隔著牆也能聽到，很容易吵到左鄰右舍或影響到周遭同事辦公的安寧。
3.不管什麼場合，說話都很大聲，包括不該說話的場合，如教室、教堂、醫院等地方。

可見人們的表達素養，還有很大的改善空間。最恰當的音量是依不同場合的需要而調節，以對方能聽到爲原則；該大聲時大聲，該小聲要小聲，讓聽者舒適的聽到你說的話，就是理想的音量。

☺咬字

說話時咬字的清晰與否，直接影響與人對話的效果。咬字清楚時，一字一字很有效的傳入對方耳中，讓對方無誤地聽到你的話語，溝通當然順暢。

如何才能使我們說話時咬字清晰無誤，得靠以下幾種方式：

一、朗讀報紙或文章

如果平常與人交談或說話，覺察到自己似乎咬字不清，使他人無法有效聽清楚。想改善這種狀況，比較容易的方法是常常練習朗讀，如報紙或短篇文章，詩詞尤佳，因為詩詞都有押韻，對咬字更有幫助。相信經過一段時間的練習，一定會有明顯的助益。

二、練習正音

除了朗讀報紙或文章外，想要更有效改善咬字狀況，就需要進一步「正音」，尤其是那些發不準的音，要加強練習。例如ㄢ與ㄣ、遺與魚、溫與翁、朋友、我們、發與花，都必須矯正。朗讀報紙或文章時可順便「正音」，必能發揮加倍的效果。

三、繞口令

為了口齒更清晰，也可以運用繞口令的方式來練習，如「吃葡萄不吐葡萄皮，不吃葡萄倒吐葡萄皮」、「門外有四十四隻獅子，不知是四十四隻死獅子，還是四十四隻石獅子」、「扁擔長，板凳寬；板凳沒有扁擔長，扁擔沒有板凳寬。扁擔要綁在板凳上，板凳不讓扁擔綁在板凳上，扁擔偏要綁在板凳上。不知扁擔綁在板凳上，還是板凳綁在扁擔上」、「四和十、十和四，四十和四十，十四和十四。說好四個數字，全靠舌頭和牙齒。誰說四十是細席，他的舌頭沒用力；誰說十四是實世，他的舌頭沒伸直。認眞學，常練習，十、四、十四、四十、四十四」。大家不妨練習看看，會有意想不到的效果。

四、錄音矯正

如果您不知道自己平常說話的咬字狀況，或朗讀報紙文章時是否口齒清晰及正確，不妨將自己朗讀或平常說話的內容加以錄音，自己再聽或請咬字良好的朋友聽一聽。以這種方式矯正發聲，很快就會有所突破。

☺語速

在溝通方面，說話的速度也非常重要。哪一種「語速」最爲恰當，往往見仁見智，因不同語言、民族、文化及說話習慣而有差異。每分鐘180字至250字間，是可接受的範圍；這其中有時語速會快些，有時會慢一些，都是合理的。

不過，最近的研究更精確地區分爲三種不同的「語速」，包括「慢板」、「中板」與「快板」（游梓翔，1999：301）。大範圍在每分鐘160字至280字之間，其中「慢板」是每分鐘160至200字之間，「中板」是201至240字之間，「快板」就是241至280字之間。如果想瞭解自己的「語速」，可以計時器測量看一分鐘內可以說多少個字，就可知自己是過快或過慢，屬於「慢板」、「中板」還是「快板」，做爲日後調整的依據。

至於怎樣的「語速」才是恰當的？最重要的原則是衡量自己的說話習慣和咬字清晰的程度。如果咬字清楚，即使說話速度快一點也無妨。若你的咬字不夠清晰，則可將說話速度放慢，重點是要讓對方聽清楚；不可快到讓對方來不及聽，也不能慢到讓對方失去耐性。

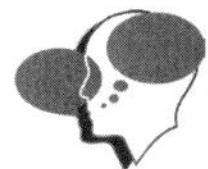

第二節　說話的特性及內涵

當我們在和他人說話時，必須特別留意說話的特性及內涵，以下將分別從這兩方面來闡述。

說話的特性

說話或表達時，必須掌握以下六項特性（詳參陳皎眉，2012：169-175），摘要及舉例如下：

一、相同的話對不同的人有不同的意義

說話本身具有兩種意義，即外顯意義（denotation）與內涵意義（connotation）。前者指的是說話的表面意義，也是我們可以直接接收到的意義；後者是指語言除了表面意義外，還蘊含若干隱藏的意義，比較無法直接察覺，與說話者個人的感覺或評價有關。

如期中考過後成績陸續公布，小江在班上成績一直非常好，但卻對班上另一位成績較差同學說：「這次期中考我考得好爛呦！」那位同學也回說：「我也考得很爛！」表面上聽來，他們一樣都考得很爛，可是兩者在內涵上卻完全不同。小江是指他考了93分還覺得不滿意，而那位同學真的是勉強及格。兩者所說「考得很爛」的隱藏意義，竟是完全不同。

二、人們常用密碼傳遞訊息，而隱蔽了真正的意義

人們在說話時常會自行編輯一些密碼，將所要表達的心意隱藏在密碼之中。這些密碼別人不一定能理解或完全解答出來，就會增加溝

通時的困難，所以應儘量避免或不要忽略這些訊息。

如敬廷與惠美結婚多年，彼此自認都很瞭解對方，也培養了很好的默契。有一年惠美即將過生日，敬廷很早就詢問惠美想要什麼生日禮物。幾次詢問，惠美都不置可否，要不就回答：「不必了，老夫老妻了還買什麼禮物？」於是敬廷信以爲眞，以爲惠美不想要生日禮物，也就眞的沒買她的生日禮物。惠美生日當天，她左等右等都沒看到敬廷的生日禮物，到了晚上惠美實在忍不住，沒好氣的對敬廷說：「我的生日禮物勒？」敬廷才恍然大悟，難怪惠美整天都感覺怪怪的，原來是在等生日禮物，他只好立刻衝出家門買生日禮物。惠美所說的「不要」，只是她說話時的密碼，其實隱藏在密碼中的訊息是「我當然要生日禮物」，只是不好明白表達，這可眞是爲難了敬廷。

三、人們常談不重要的事，而不談眞正重要的事

人們在說話時常會顧左右而言他，先拐彎抹角地說了許多無關痛癢的事，眞正想說的卻一直沒能說出口。也許是對想說的事感覺有些尷尬，或不知該如何說，又或怕說出來被對方拒絕，於是繞了半天，盡說些非關重點的話。

如阿芳這個月提前將生活費用完了，爲了能向父親調些錢好度過月底幾天，她特別利用週休假日回家探望父親。她也知道父親賺錢辛苦，自己家境不是很富裕，父親更一再叮嚀她用錢要節制，要有預算，每月生活費不可超支。可是很不巧的，她這個月不小心失控了，提前把錢花光，只好硬著頭皮回家向父親求救。

父親見她回家，其實心裡已有底，知道大概是錢花完了要回家請求支援。此時父親先不動聲色，只見阿芳趕緊噓寒問暖，爸爸問她：「爲何這時回家？」她只說很想爸爸，想陪爸爸聊聊，就是沒說出請爸爸支援金錢的事情。

一直到吃完晚餐，她都沒說出此次回家的眞正目的，爸爸看不過

去，主動詢問：「是否缺錢花用，才回家請求支援？」這時她才很不好意思點頭說：「正是如此」。

四、說話者可能不清楚自己的情緒，或被自己的情緒所蒙蔽而影響溝通

當我們和他人交談或對話時，常因自己或對方的情緒而使互動產生阻礙，又或者刻意壓抑情緒，以致被情緒蒙蔽而不知，這些狀況都會影響溝通。

如我們到一家商店買東西，此時剛好店員情緒不佳，導致說話語氣十分不耐煩。你會覺得這位店員沒耐心、沒禮貌，就不願意多和他交談，甚至東西也沒買就離開了。

又或者自己因某些事情不順心，但刻意壓抑情緒，說話時不經意就會顯露出來。會用負面的語言來應對他人，或是不經意就發怒，甚至口沒遮攔的說出難聽的話。**人在生氣時，說出來的話都充滿負面能量，傷害對方而不自知。造成無法挽回的後果，事後再來後悔大都來不及了。**

五、聽者容易分心

我們在說話時會因情緒而阻礙了溝通，對聽者而言，會因分心而漏聽了部分或重要內容，以致無法正確解讀對方的訊息。所以說話時不但要注意自己的情緒狀態，也需注意對方是否專心聽你講話，還是因分心而漏聽所說的重要內容，使溝通發生問題。

常見的分心狀況是學生在課堂上滑手機、吃東西、聽音樂、做其他事情、和旁邊同學說悄悄話等，就很容易漏聽老師上課的重要內容，等到考試前才緊張，到處向同學借筆記來加強。

另一種則屬於「選擇性的分心」，對於自己想聽、愛聽的話就仔

細去聽，但對於不想聽或不喜歡的話，就故意漏聽、假裝沒聽到或左耳進右耳出。如父母因為很關心你，常對你說「要認眞上課，好好考試以爭取佳績」、「要節約用錢，不要提前將生活費花光，不要亂買不需要的東西」等，這些話子女視之為嘮叨，一概以分心方式漏聽或假裝沒聽到。可是如果父母說「何時要給你生活費？」、「要如何幫你過生日？」，你可聽得非常仔細，因為這是你想聽的話，怎麼可能因分心而漏聽呢？

所以，**說話者也須想辦法將導致聽話者分心的狀況去除掉，才能讓雙方的溝通達到效果**。

六、聽者受到自我選擇的影響而扭曲所聽到的訊息

和他人對話時，還須注意對方因自己主觀判斷及選擇，而使我們所說的話被刻意扭曲，因而影響了溝通的成效。

如我們欣賞某位同學，對他所說的話，一定照單全收且十分認同；但如果是我們不喜歡的同學，則會對他所說的話刻意曲解，或扭曲他話中的含意。假設你欣賞的同學說他認養了家扶中心的貧困兒童，你聽了一定會大加讚揚並誇他有愛心。如果是你不喜歡的同學說了同樣的話，你會覺得他沽名釣譽，自以為很有愛心。

兩者之間為什麼有那麼大的差異？就是因為每個人都有自己主觀的好惡，造成溝通的落差，使溝通無法客觀進行，這是我們和他人對話時須注意的狀況。由於聽話一方的主觀選擇，使我們被曲解，不必過於在意；**一切依自己認為正確的意思去表達，相信只要誠心誠意，日久一定能打動對方，慢慢修正他的主觀認定**，使彼此溝通回到正軌。不必擔心因對方的好惡選擇，而讓自己失去說話的自信和勇氣。

☺說話的內涵

一、結構

說話的結構和寫文章類似，都必須注意起、承、轉、合，最忌「有頭無尾」、「有尾無頭」或「無頭無尾」。我們常聽人抱怨：「這個人說話怎麼沒頭沒腦、沒有重點？」，就代表這人說話的結構有問題，讓聽話者抓不著頭緒，無法眞正瞭解你所說的內容，溝通自然無效。

常見的說話結構問題除了頭、尾結構不全，就是沒有注意到內容的起、承、轉、合，說著說著不知跑到哪裡去了，讓聽者「丈二金鋼摸不著頭腦」。其中尤以講電話時，最容易發生此種狀況。常聽到他人講電話或自己接聽電話時，因不注意說話結構，不但容易造成溝通不良，也讓自己失禮，使別人對你產生不好的觀感，更浪費許多寶貴的時間（或增加許多電話費），怎能不特別注意呢？

因此，說話時一定要結構完整，才能讓對方聽得明白，以及有禮貌、有效率及有效果。這包括：

(一)開頭

說話時開頭很重要，這也是一種禮儀，要先寒喧問好，報出你的名字讓對方知道，才能開始對話。別在對方還弄不清楚你是誰，也沒問候的狀況下，劈頭就說一大堆話，讓對方一時反應不過來。除了搞不清楚你的來意，如此的唐突，也會使人對你的說話內容大打折扣。尤其在電話中，不要玩「猜猜我是誰」的遊戲，這是很不妥當的對話行爲，除了不禮貌及浪費時間之外，還可能被誤以爲是詐騙集團。

(二)內容

有了適當的開頭後，接著說話的內容就登場了。這是說話中最主體的部分，可區分為四段：

1.起：說話內容的第一段就在於「起」，也就是起頭，讓聽話者知道這段對話的目的所在。如你想和對方借隻筆來用，對話的「開頭」應該說：「○○同學，對不起！可以借隻筆來用嗎？」借隻筆來用，就是你這段說話的主題，也就是「起」。

2.承：接著你必須告訴對方，為什麼要借筆來用，這個原因就是「承」，你可以說「因為我的墨水剛好用完了！」或「我的筆不知道掉到哪裡去了！」原因也許很多種，原因的說明在於「承」接前段的「起」。

3.轉：接下來就會發展到「轉」，也就是另外的說明，「我只借用一會兒，用完後馬上還給你。」轉換到借用時間與歸還的方式，此之謂「轉」。

4.合：「起」、「承」與「轉」都說完，就進行到對話內容的最後一階段「合」了，要回到當初你說這段對話的目的，也就是呼應「起」的部分，再與它契合或會合，你就必須說：「可以借我這隻筆嗎？」到此階段，對話內容的結構才算完整無誤。

(三)結尾

當主體對話內容說完後，還需要注意結尾，這一部分很重要。很多人都忽略了結尾，以為主要部分說完就好，不必那麼麻煩還要結尾。殊不知就因為這小小的忽略，讓前面所說的話大受影響，溝通的效果打了折扣，甚至影響到與對方日後的來往或人際關係。

最後得到對方的回應，不論同意與否，都要「結尾」說聲：「謝謝！」，這是禮貌，也是說話結構完整之所在。否則日後你還需要向

對方借筆時，恐怕就不太容易了。有些人常抱怨：「爲什麼我和別人說話時，他都不理我？」或是「爲什麼別人都不喜歡和我說話？我都沒有朋友，爲什麼沒人願意幫助我？」，也許就因平日和別人說話的結構有問題，忽略了禮貌。

二、邏輯與語意

(一)邏輯

說話時除了要有「結構」，還需要重視「邏輯」。說話的邏輯包含以下二大部分：

1.前後順序：說話時要注意先後順序，哪些話該先說，哪些話該後說，都須符合應有的順序，不可顚倒或翻來覆去，使得說話「顚顚倒倒」。以說話結構爲例，「開頭」爲先，「內容」居中，「結尾」殿後，這個順序不能顚倒，否則「邏輯」上就會出問題，讓人聽不明白。同樣的道理，說話「內容」的起、承、轉、合，也不能任意顚倒。

2.因果關係：說話「邏輯」還須注意「因果關係」，所謂「有因必有果」、「事出必有因」、「種什麼因得什麼果」。以前面所舉的「借筆」對話來說，一定要先說明借筆的「因」，是自己的墨水用完了或筆弄丟了，才會產生借筆的「果」，如此才能讓對方清楚你說話的用意，達到溝通的效果。

(二)語意

語言溝通技巧的最後一項重點就在於「語意」，也就是「說話時所欲表達的意思」。某些人說話，往往讓人很難聽懂他話中的意思，甚至連他自己也不明白到底要說什麼。建議語意不清的人，可將自己要說的話錄音下來，然後放給自己聽；如果連自己都聽不懂，如何能讓別人聽得懂？

語言溝通練習

為了促進語言溝通技巧，除了增加上台說話的練習機會外，也可請師長或親友多提供意見，修正自己的不足。請尋覓身旁可以擔任自己溝通教練的老師、父母、學長、同學等三位，寫下他們對你的聲音運用或說話內容的建議。

相關學習資源

一、電影

美國電影《心靈點滴》（導演：湯姆‧沙德亞奇，1998）

推薦理由：劇中主角派奇是個曾想自殺的年輕人，爲此他自願進入精神病院治療，並在醫院和同病房室友擦出火花，有了非常神奇的溝通。他因爲幫助患有恐物症（害怕松鼠）的室友能去上洗手間，使他找到自己人生的價值——就是去幫助別人。於是他自行出院，並考上醫學院，決定當一名醫生，而且是「醫人」勝過「醫病」的醫生。

就讀醫學院時，因他創新的醫療觀念，和醫學院的院長起了很大的衝突。經由他的幽默及良好的語言溝通技巧，得到所有病友的支持，成功說服州醫藥委員會，才沒被學校開除。順利畢業而且完成他的夢想，建立一所以病人爲本的快樂醫院。

二、書籍

《說話訓練班》（徐振遠編著，2017，新北市：大拓）

推薦理由：本書闡明會運用語言溝通的人，話不在多卻能一語中的，聲不在高卻能讓所有人洗耳恭聽。

會說話的人可能手無縛雞之力，但憑語言溝通能力，即可化解天大的矛盾於無形之中。擅於語言表達的人，具有強大的親和力，能迅速與人打成一片，並於三言兩語之間完成自己想做的事。

用對了語言不僅能打動人心，更能表現出行動力，執行的結果便可能展現出另一種人生。人類的歷史就是由那些具有語言溝通威力的人所寫成，而這種語言溝通的力量，是我們每個人身上都具備的，只要我們懂得如何有效發揮，定能改變我們的未來，有膽量敢於面對一切的挑戰，使人生過得豐富多彩。

對語言溝通有任何困惑及不解，都可以參考及運用此書來得到解答。

肢體語言與溝通情境的營造

- 肢體語言
- 營造溝通的情境

自我覺察與領悟

我與家人第一次到歐洲旅行時發現，不論是英國或東歐、西歐，在交談或與人溝通時，臉部表情均非常豐富，尤其是笑容，都無比的燦爛。以東方人的標準來說，甚至覺得有些誇張。他們說話時的肢體語言也非常活潑，可用手舞足蹈來形容。另外我也觀察到，他們在公共場所碰到朋友或親人，都會給對方一個大大且熱烈的擁抱甚至親吻，讓對方無比感動，也讓我們大開眼界。

經過這次歐洲之行的震撼教育，讓我覺察與領悟到非語言溝通的魅力，及其在溝通上超強的作用。因此回到台灣後，我也開始嘗試展開笑臉攻勢，不論碰到任何人，都給對方一個燦爛的笑容，並主動熱情地打招呼。說話時更多加運用肢體語言，來強化語言的效果。經過若干時日的持續運用，溝通效果明顯變好。

但也發現，成年之後，尤其在東方，大家的笑容都減少了，顯得份外嚴肅，甚至是冷漠。即使是親人、至交，見面也很少有擁抱的習慣，一般人更是連點頭打招呼都愈來愈少見，令人感到「驚心」。除了自我展現更多笑容與熱情之外，如何影響他人？如何打破人際冷感？也是重要的課題。

說到這個神獸雕像啊，出自中國古代約東周的時候，你們覺得牠像什麼呢？

獅子？獨角獸？

牠會用那根很厲害的角去攻擊罪人喔！

有掌握到特徵喔！但再想一想！

導覽員

呵呵……我以為參觀博物館很無聊，沒想到還滿有趣的呢！

胡鈞怡／繪

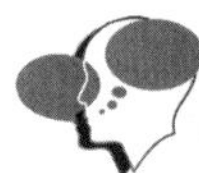

第一節　肢體語言

以下分別從肢體語言溝通的特性、肢體語言的功能，和一般常用肢體語言等三方面來論述。

肢體語言溝通的特性

一、肢體語言溝通是較爲模糊的

肢體語言在溝通的表現上，**有時動作相同也會因不同的人或因素，導致不一樣的訊息意義**，所以說肢體語言溝通是較爲模糊的。

如同樣是笑容，有人因開心或聽到有趣的事情而「眞心發笑」，有人則是爲了掩飾內心不安、苦楚或覺得尷尬而「強顏歡笑」、「苦笑」，更有人是想算計他人而「奸笑」或「笑裡藏刀」，也有人是毫無意識的「傻笑」，有人是看他人笑話的「冷笑」等。

光是一個「笑容」的肢體語言，就因不同目的或感受，而產生那麼多的訊息及風貌，讓人覺得難以正確解讀。

二、肢體語言溝通是連續不斷的

當我們進行言語溝通時，是隨著語言的表達在運作，語言停止了，溝通也就中斷了，因此語言溝通是非連續性的。但肢體語言則非如此，**即使已停止說話了，肢體語言還在繼續進行，它是連續不斷的**。

如當雙方在爭執一件事情，彼此都堅持己見，吵得不可開交時，有人出面勸解，請雙方冷靜下來，不要再繼續爭吵。可是即使彼此都

不再說話，終止了言語交鋒，但肢體語言卻不會因此停止，仍然會「怒目相向」、「面紅耳赤」，甚至「握拳」等表示憤怒。

三、肢體語言溝通是多重管道、同時進行的

語言溝通通常都經由語言或文字等單一管道進行，可是**肢體語言則是經由多重管道（multiple channels）或是成套的訊息（a package of messages）一起出現**（陳皎眉，2012：236）。

如某人參加演講比賽獲得第一名，宣布名次後，要上台領獎，他首先會手舞足蹈，然後臉上顯現出驚喜的表情，甚至掩面而泣、不敢置信，接著起立和周遭恭喜他得獎的人握手或擁抱，然後歡天喜地走上台領獎。

這些肢體語言是一連串的顯現和進行，透過表情、手勢、眼神、笑容與姿態等多重管道同時進行，這是肢體語言不同於語言表達的很大特性。

四、人們比較相信肢體語言的訊息

當他人的語言訊息和肢體語言訊息不一致時，人們比較相信肢體語言管道所傳達的訊息（陳皎眉，2012：236）。

好比同學們下課在教室玩鬧，一不小心將老師放在講台上的茶杯給碰倒，掉到地上摔碎了。很不巧的，這是老師特別從家中帶來學校上課用，更是他非常珍愛的一個茶杯。等老師進教室後，發現茶杯摔破了，這時嘴上雖然說：「沒關係，沒關係，只要沒割傷同學就好。」臉上卻顯現出非常不悅的臉色。

此刻你會覺得老師語言上所表達的不介意，是真正的意思？還是他在臉上所顯現的不慍之色，才是他想表達的訊息？想必大家一定比較傾向相信老師臉上的表情，也就是說，他其實很不高興同學如此不小心，將他心愛的茶杯給打破了，只是礙於老師的身分，又不好對學

生有所責備，而且同學們也眞的不是故意要將他的茶杯給摔破，此事純屬意外，只好透過肢體語言來抒發他這時的不快（陳皎眉，2012：235-237）。

☺肢體語言的功能

爲什麼在語言溝通之外，還要運用肢體語言使溝通更順暢？因爲肢體語言能發揮以下五種功能（胡愈寧等編著，2009：83-84）：

一、重複

肢體語言可以協助重複語言表達的內容，如有人向你問路，請問：「新店七張捷運站怎麼走？」你可以告訴他：「向前走，到第一個紅綠燈右轉，然後直行就可以抵達。」你說明的同時，也可舉起手向前指，並用手掌向右彎來指示，這就等於「重複」了你所說的內容。

二、替代

肢體語言有時也可以「替代」語言訊息。如你在校園中看見有位同班同學遠遠走過來，一副愁眉不展的樣子，一看就知道他此時心情不佳，一定有什麼事情使他難過。這時即使他不開口，也能約略知曉他的心情，也就是肢體語言「替代」了語言溝通。

三、強調

肢體語言也可以「強調」語言訊息的意思。好比當你不同意別人所說的話，一定會以搖頭來強調此訊息；當你對某件事情感到憤怒，也會握緊拳頭來強調；或是當你無法做到某件事，會以雙手一攤來強調表示等，這些肢體動作都可同時「強調」語言表達的效果。

四、調節

肢體語言也可以「調節」語言的運用。如我們說完話時，可以用眼神暗示下一位可以發言，或是在課堂上同學太吵雜時，我們可以將一隻手指頭放在嘴前，表示請他們安靜，或是擺手示意請對方坐下等，都可「調節」語言表達，即使不說話，也可達到該有的溝通效果。

五、牴觸

肢體語言有時也會和語言訊息相牴觸，那是因爲若干時候我們在語言表達時，爲了掩飾某種意思或怕得罪對方，說話有所保留或說些有違自己眞正心意的話。可是因肢體語言的眞實表現，導致語言和肢體語言發生「牴觸」。

如我們對某人感到生氣，可是又不方便直接說出來，只好嘴巴說「沒事，沒事」，可是肢體語言上卻表現出面紅耳赤。又好像我明明不同意別人所說的內容，可是不方便直接表達出來，就在嘴巴上說「你眞是高見」，可是肢體語言的表現卻是直搖頭。

經由以上分析及舉例可見，語言表達和肢體行爲表現發生牴觸時，我們比較相信肢體語言所顯現的才是眞正的意思。所以當我們練習溝通時，要將語言和肢體語言的行爲調整成一致而不相矛盾，並善用肢體語言的正面意義，增加溝通的有效性。

☺一般常用肢體語言

多練習肢體語言的技巧，充分運用肢體語言的功能，能將人際溝通發揮得淋漓盡致。一般常用的肢體語言包括以下五項：

一、表情

肢體語言亦可稱爲「無聲的語言」，雖然不是經由發聲來表達，卻能達到或強化語言的效果。大家可能聽過：「某人連眼睛、眉毛或鼻子都會說話」，這種功夫以舞台上的表演者或影星最爲擅長。至於一般人是否也需要此等技巧？答案仍是肯定的。

肢體語言最顯著的部分就是臉部「表情」，華人或台灣地區的朋友，和人說話時往往忽略了表情的重要，使溝通效果打了不少折扣。如何使說話者的表情生動和豐富呢？可嘗試運用以下四種小方法：

1. 面對鏡子按摩自己的臉部肌肉，使之放鬆，並對鏡子扮扮鬼臉或做一些誇張的表情，不要那麼拘束，將對說話時臉部表情的運用有所幫助。
2. 細心揣摩演員的表情，或與人交談時注意別人的表情，不錯的部分可試著模仿。
3. 參加戲劇或表演類社團，或上些表演課程，甚至上舞台表演，都能有效豐富你的「表情」。
4. 保持愉快的心情，多往好處想，和別人對話時能多爲對方著想，也能讓你的面部表情變得柔和與迷人。

和他人說話時，若能展現吸引對方注意、豐富且生動的表情，所說的話一定能打動對方，使溝通發揮加乘的效果。

二、手勢

(一)手勢的功能

說話時，「手勢」是不可或缺的技巧。如果把雙手綁起來，就很難自然或自在地說話。爲什麼「手勢」在說話時扮演如此重要的輔助

角色？因爲，「手勢」具有下列功能：

1.強調語言的內容。
2.補充口語之不足，如用手勢表示位置與方向，用手比一直線，顯示思考的序列性等。
3.是語言中情感的論據或線索，如搖手作爲拒絕，握拳顯露怒意等。
4.是情緒的表徵之一，如扭手指或雙手僵直於身側，表示緊張、不安等。

說話時「手勢」能協調我們的身體與感官，使說話的內容更清楚，強而有力地灌入對方的耳朵及眼睛。說話時不僅是聽，同時也是看，才能更清楚對方話中的意思。能看見的「話」，就是我們所說的「手勢」。

(二)如何做「手勢」

如何做「手勢」才能恰當發揮輔助效果，達到使對方欣然「看話」的目的？可從以下四方面來著手：

1.自然：「手勢」的運用是說話時或多或少的動作，如何運用得當，不致引起對方的反感或不快？其中的訣竅並非手勢運用的多寡，而是需要注意手勢是否「自然」。有些人爲了加強語氣，刻意將手勢運用在某些語句上，使得自己像個機械人。刻意做某種手勢，既不自然也徒增說話時的負擔，讓聽話者覺得不舒服。說話時會有手勢，是一種極其自然的反射動作，手勢順著自己說話的意思就足夠了，以免「畫虎不成反類犬」。
2.觀摩：如果你覺得自己說話時的手勢不佳，或不知如何恰當使用手勢，改善的方式之一就在多觀摩。在和別人對話時，觀摩

對方的手勢，更可在聽演講或看表演時，模仿台上演講者或演出者的手勢，對日後的手勢運用，都有潛移默化的效果。

3.演練：如果你覺得需要經由演練，幫助自己的手勢運用得更加理想，這未嘗不是一種可行的方式。可以請專人或老師來指導，或自己對著鏡子演練。需要注意的是，必須避免「僵化」、「制式」或「做作」的情形，否則你演練了半天，反而產生負面效果。

4.習慣：手勢的使用會形成習慣，如果你習慣的手勢均屬理想的手勢，那當然很好。若習慣的手勢不恰當，就必須想辦法儘快改善。如抓頭髮、搔耳朵、摸鼻子、手插口袋或握拳、揮拳等，對於溝通會有嚴重的不良影響。所以平常應多注意自己手勢的狀況，對於不佳的手勢要儘快覺察及停止，避免變成習慣。至於理想的手勢則可多加保留，使它成爲好習慣。

三、眼神

眼睛是靈魂之窗，透過眼睛可以一窺個人的內心世界。所以我們常說眼睛是不會騙人的，這代表眼睛在溝通中的特殊性與重要性。眼神的運用與眼睛的大小無關，不能刻意瞇著眼看人，或有意將眼睛睁得過大，這都不是恰當的運用。至於怎樣運用眼神，才能達到理想的效果呢？

1.有效的注視對方：所謂「有效的注視對方」是指說話時眼睛看著對方，這是應有的禮儀，是對聽話者的尊重。但不可以直直的逼視，看得別人渾身不自在。比較理想的做法是將眼神「注意」著對方，偶爾將眼光離開一會兒再回來。雖然雙方目光接觸的次數，會因人與不同情況而異，依據卡奈普（Knapp）與豪爾（Hall）的研究，**說話者大約有40%的時間，聽話者大約有**

70%的時間，會與對方四目交接（黃鈴媚等譯，2007：149）。所以並非要你將眼睛一刻也不能離開對方。

2.目光親切柔和：和他人說話除了眼睛的注視外，目光也要保持親切與柔和。千萬不要雙眼瞪人，或以不屑一顧的眼光看人，更不可斜著眼瞄人。所謂**「親切柔和的目光」就是「打從心裡」接納、尊重和善待對方**，有怎樣的心理狀態，就有怎樣的眼神展現，這是騙不了人的。

3.不可過於淩厲：**眼睛是最容易讓人感受到的非語言溝通橋樑，**如果你的眼神清亮而柔和，和人說話時一定比較容易獲得對方的認同。反之，如果眼神過於淩厲，讓對方感到威脅或不自在，就容易遭致反感，使溝通倍感吃力。有人常抱怨和別人說話時，自己一點惡意也沒有，爲什麼總會遭惹對方的不快。其中癥結就在於說話時的眼神過於淩厲，使對方感覺不到情意。

四、笑容

「笑容」是肢體語言中最神奇的技巧，只要多加利用，對於人際溝通會產生驚人的效果。我曾在車上聽到過一則路況報導：

> 各位聽眾朋友，好一陣子沒聽到外面的路況了，不知現在外面的路況如何？是否能請好心的聽眾或駕駛朋友打call-in電話進來，告訴我們目前外面的路況好嗎！

就在主持人說完幾秒鐘後，立即有觀眾打電話進來。一位中年男子說：

> 主持人您好，我是計程車的駕駛，現在有一則很緊急的路況要播報。剛剛我開車經過中山高速公路岡山收費站，南下第二車道的收費亭，那個收費小姐笑得好燦爛、好可愛哟！請大家趕快去看！

我想，開車的人聽到這樣的報導，一定會笑翻在駕駛座上。在從前高速公路上還有收費站的年代，收費小姐或先生因為緊張和疲累，往往臉色都不太好看；如果有一位收票小姐給了你一個美麗的微笑，一定讓你覺得心情非常愉快，可見「笑容」具有多麼大的魔力。

笑容是人類共通的「語言」，不論走到世界任何角落，都能讓你與人溝通時破除障礙。它的感染力更是無窮，所謂「當你歡笑的時候，全世界都跟著你歡笑；當你哭泣時，只有你一個人留在角落哭泣」。「笑容」最能打動人心，讓別人欣然與你溝通。

雖然笑容多多益善，但必須是「健康的笑」，也就是保持健康心態，心中沒有負擔所展現的笑容。不是明明心中苦悶或處處與他人計較，又假裝愉快的「笑容」。這種笑容不但無法打動人心，反而使人難過，包括：苦笑、冷笑、皮笑肉不笑或笑裡藏刀，不健康的笑比不笑還糟糕。將「健康的笑」帶給別人，也給自己帶來身心健康，人際溝通才能順暢。

五、姿態

姿態的良好與否，會直接影響別人對你的觀感或評價。想擁有良好的姿態，須從以下三方面著手：

(一)優雅

姿態的優雅非常重要，舉手投足都要注意是否有不雅的動作，如挖鼻孔、挖耳朵、打噴嚏時沒捂嘴巴、坐著時抖動腿、站著時斜腳歪一邊等。俗語說：「站有站樣，坐有坐相」，即是這個道理。另外，必須打理自己的儀容，使自己的外表保持整潔清爽，不要有異味，更不可蓬頭垢面。保持優雅的外貌和得體的舉動，才能讓姿態顯得優雅，使他人對你產生良好的印象，溝通才易於進行。

(二)風度

「風度」是一種無形的感受，並沒有明顯的外在因素可以立即判斷，而是經由長期內化的陶冶及潛移默化。想要擁有良好風度或使自己風度翩翩，可以採行以下數種措施：

1.多閱讀，增加自己的知識內涵。
2.多閱歷，去看美好的事物，使自己身心開朗。
3.學習藝文，如彈琴、畫畫，增進藝文涵養。
4.打開眼界，多聽、多看、多想。
5.具備哲學素養。

上述的涵養愈豐富，必能顯現在姿態上，有令人激賞且與眾不同的風度。與人溝通時就能取得先機，達到意想不到的效果。

(三)魅力

一個人對外展現的「魅力」，是一種無形的溝通力量。這種魅力的展現，不但要綜合前面所說的優雅姿態和不凡氣質，更必須擁有自己的特質。

每個人都是獨一無二的珍寶，沒有人和你一樣，不必急著學習他人的特質，做好你自己就足夠了。所以，對自己一定要有信心，努力做自己該做的事，就會擁有獨特的魅力。

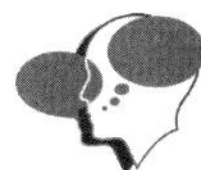

第二節　營造溝通的情境

除了肢體語言，還有其他外在的輔助方式可有效促進溝通，在此統稱「溝通情境」，包括：空間距離、接觸動作、穿著打扮、時間安排等。

☺空間的運用

空間方式的運用，是指人與人溝通時所保持的空間距離，這會對溝通效果產生一定程度的影響。什麼樣的空間距離，是溝通時較恰當的距離？這得依當時的狀況及雙方的關係而定。依據學者研究，溝通時應保持的距離，區分為以下四種（黃鈴媚等譯，2007：154-155）：

1.親密的距離：18英寸（約45公分）。
2.個人間的距離：18英寸至4英尺（約45公分至120公分）。
3.社交的距離：4英寸至12英尺（約120公分至360公分）。
4.公開的距離：超過12英尺（約360公分以上）。

由以上區分可發現，**關係愈親近，溝通的空間距離愈短**。相反的，關係愈疏遠，雙方的空間距離也愈大。

如熱戀中的愛人都期望彼此的「親密距離」愈短愈好，職場中和上司、同事的溝通則保持「社交的距離」，很要好的同事才可擁有「個人間的距離」。當我們簡報或公開演講時，須和聽衆保持「公開的距離」。

不同的空間距離，對溝通會產生不一樣的效果。運用時須格外注意及體會其中的訣竅，以免弄巧成拙，反而造成溝通的阻礙。

☺接觸的運用

人與人之間的溝通，最自然和原始的管道就是「接觸」，身體接觸（touch）的正式名稱是碰觸學（haptics），接觸是讓身體的某部分碰到某個東西，它是我們所體驗到非語言溝通的一種型態（黃鈴媚等譯，2007：151）。嬰兒和父母最親密的互動就是擁抱，嬰幼兒非常渴

望父母的擁抱。孩子長大後，因為追求自主與獨立，雖然沒有那麼明顯地需要擁抱，潛意識中仍然十分喜愛他人的擁抱。最近社會上大力推動給陌生人一個「愛的擁抱」，以傳遞人際之間的愛意。如前總統夫人周美青女士，每次到原住民鄉鎮探視小朋友，都會給原鄉小朋友一個「愛的抱抱」，感動了許多人。

「接觸」對人際溝通有其不可忽略的作用，其他還包括輕撫、擁抱、拍打、親吻、捏擰、打擊、握手、輕拍、擊掌、撫摸、環繞和搔癢等（黃鈴媚，2007：151）。**這些接觸動作所欲表達的不外乎是給予對方溫暖、支持和愛意**，只是在運用這些接觸動作時，須注意以下兩點：

一、瞭解文化關係

不同文化區域對於接觸行為的運用，有程度上的差別。如拉丁美洲與地中海國家是高度接觸文化的地區，北歐則是中至低度接觸的區域，美國也是中度接觸文化的國家，大部分亞洲國家是低度接觸文化，運用時得依不同文化而有區別（鄭佩芬編著，2003：100-101，黃鈴媚等譯，2007：163）。

二、獲得對方認同或同意

其次，運用接觸動作來進行溝通時，最好先獲得對方的認同或同意，以免引起不必要的紛爭，讓溝通的美意受到誤解與造成傷害。不能「強迫」對方接受自己的接觸動作，以免變成騷擾行為。

☺衣著的運用

所謂「佛要金裝，人要衣裝」，穿著打扮在人際溝通上，占有舉足輕重的影響。可以讓對方瞭解你的身分、特質與內涵，對溝通產生

極大的助益。有關衣著的運用，至少具備以下四項溝通的作用：

一、角色的需要

經由衣著的特色，可明瞭對方的身分或角色，以利溝通進行。如警察、軍人或高中以下的學生都必須穿著制服，可以讓人清楚區分誰是警察誰是軍人，他們的官階大小等都看得一清二楚。如果是學生，哪所學校也可以從制服看出來。即使不是制服，仍可從穿著上判斷出上班族、老師、公務員、時尚名媛或演藝人員等不同的身分與角色。

二、形象的塑造

穿著傳達出一項很重要的訊息，就是自我形象的塑造。專業人士或公眾人物特別會經由穿著展現他們特有的形象。如正式場合中，各國的政要或夫人、名人等，穿著會被大眾和媒體放大檢視、品頭論足，看看誰的形象較佳，誰能受到群眾或粉絲的支持與喜愛。

職場工作者在服裝穿著上也需建立屬於自己的專業形象，以獲得顧客、上司或同仁的認同。**穿著是職場上不可輕忽的非語言溝通方式，穿著得體、出眾，絕對有助於溝通。**

三、個性的展現

穿著打扮也是展現個人個性的最佳管道，如前總統夫人周美青女士，她的穿著一貫以來都充分展現自己的風格及個性，不因成爲總統夫人而有所改變，反而因此被大家喜愛。另一個有名的例子是美國蘋果電腦公司前執行長賈伯斯，他在公開場合或簡報時的穿著，往往只是黑色高領T恤、牛仔褲和球鞋，充分顯現出他的個性，也成爲他的招牌，並受到大眾喜愛；爲他和群眾之間的溝通，加了極多的分數。

由此可見，一個人在穿著上的個性展現，不在於服裝本身，而是**透過穿搭結合個人特質，造就出屬於自己獨有的風格**。**在與人溝通**

時，將產生無比的觸動效果。

四、時尚的吸引

此處所謂時尚，並非鼓勵你追求名牌或流行，而是說**穿著需要和時尚結合，才能吸引他人的目光**。如賈伯斯的穿著雖然突顯個人性格，但也具有時尚感，才如此受到歡迎。又如美國前總統夫人蜜雪兒，她的穿著簡單大方，且喜愛無袖的洋裝。她非常欣賞台裔年輕服裝設計師吳季剛的作品，具有時尚感且俐落大方，讓蜜雪兒更受大眾矚目與歡迎，爲她和群眾的溝通產生極大的加分效果。衣著符合時尚要求，對他人會產生很大的吸引力。

五、飾品的搭配

我們在穿著衣物時，**為了能顯現自己的品味或是凸顯自己的特色，會在服裝穿著上搭配若干飾物，以吸引別人的注意，增強對話及溝通效果**。這些飾品包括耳環、項鍊、手環、戒指、髮飾、胸花或是手錶、領帶等，如果搭配得宜，不但能吸引他人目光，更可增進對方對你的良好印象，創造更有效的溝通情境。當然這些飾品在平時就要細心蒐集或準備，不必花大錢，只要用些心思選購及搭配，就可發揮意想不到的神奇效果。

尤其當我們在公開演講或發言時，**獨特而適當的飾品搭配，將有畫龍點睛的效果，更能引起聽講者的注意，激發他聆聽的興趣和動機**，使溝通更順暢。

如陳老師是一位男老師，飾品搭配的範圍比較有限，於是幾經思量，發現一條可愛或有特色的領帶，對學生來說不但能讓他們眼睛一亮，而且會非常喜歡將目光注意到他的身上，使彼此的關係拉近，上課的溝通效果十分顯著。

因此只要有機會出國或到任何地方，陳老師都特別注意具有特色

或可愛的領帶，一旦發現就購買蒐集回來，以備日後搭配所用。到現在爲止，他已蒐集超過百條領帶，各式各樣的主題、卡通、花草、文字等任他搭配，每週上課都打不一樣的領帶，讓同學期待和驚艷。許多同學日後碰到他，都會回應說上課印象最深刻的是他所打的各色領帶。

另外有位王老師，她是女老師，她也在穿著上用心搭配飾品，而她的特色就是搭配耳環，她很用心地蒐集各種具特色及美觀的耳環，每週上課都搭配不同的耳環，讓師生距離縮短，增進教學及溝通效果。

☺時間的運用

人際溝通時，時間的安排具有關鍵性的影響。我們做任何事情都無法擺脫時間因素的影響，溝通也不例外，可分三方面探討溝通的時間安排：

一、恰當

當我們和別人或群衆溝通時，通常都有時間的安排。學校一節課約五十分鐘，一場電影需兩個鐘頭，一場演講也大約兩個鐘頭，漫畫改編成的動畫一集約三十分鐘，一場簡報約二十至三十分鐘。

如果上課時間不足五十分鐘或超過時間太久，一場電影才放映一個鐘頭，一場演講只講十分鐘，或一場簡報拖了三個鐘頭，對於溝通的對象，都會因而覺得不愉快與納悶，對溝通效果極爲不利。

二、定時

固定時間對於溝通也會產生一定程度的效果，好比公司每天需要召開晨會，既然名爲「晨會」，就應固定在早上召開，如果改成下

午，溝通成效就會打了折扣。

同樣的道理，學校開朝會，當然是早上第一節課左右的時間，如果改爲放學後召開，不但沒道理，也完全沒有溝通效果。依此類推，如果將早餐拖延到晚上才吃，你的身體一定會抗議。

另外，年輕朋友最容易出現的狀況是日夜顛倒、作息混亂，這種不恰當的時間運用，導致上課或上班遲到、沒精神，做事沒效率、拖延，嚴重影響人際互動，阻礙了和他人的良好溝通與人際關係。由此看來，若想要和他人順暢溝通，「按時」用餐、睡眠、作息及工作，會有無比強大的效果。

三、準時

準時對許多先進國家來說，是一項非常重要的溝通態度。準時可讓雙方有一定的時間標準可以依循，有利於溝通進行。否則大家都不遵守時間或遲到、做事延遲，不但耽誤他人的時間，也會耽誤事情而造成嚴重後果，使別人感到痛苦及困擾。

如台灣地區的喜宴往往無法準時開始，預定下午6:30入席，往往拖到晚上7:00或8:00以後，不但耽誤大家的時間，也付出許多不必要的社會成本。台北市政府爲此曾提供獎金作爲獎賞，希望協助市民能養成喜宴準時的習慣和風氣。

不過，準時也有文化上的差異，如中東地區普遍視時間單位爲「多重性」，也就是不加以詳細區隔。在這種時間觀念下，遲到很正常，墨守時間概念反而是沒有意義的事情。但世界大部分的地區，還是以準時爲人際溝通的準則（洪英正、錢玉芬編譯，2003：185-213）。

非語言溝通練習

請在鏡子前觀察自己說話時的肢體語言，並在日常活動中注意自己的肢體語言及穿著打扮，更可多觀摩別人的肢體語言與穿著風格。列出自己肢體語言及穿著打扮上的優點，以及需要改進的地方。

相關學習資源

一、電影

義大利電影《美麗人生》（自編自導自演：羅貝托・貝尼尼，1998）

推薦理由：劇中主角維多，非常會運用肢體語言及溝通情境，來創造自己和家人的美麗人生。不但使自己贏得美人芳心，讓妻子私奔和他結婚。也成功地在集中營裡和妻子、孩子溝通，使他們不致受到傷害，最後有了美麗圓滿的結果。

二、書籍

《身體不會說謊》（夏荷立譯，2010，彤雅・雷曼著，台北市：高寶）

推薦理由：本書作者是一位身體語言專家，致力於研究人們的動作、姿態與臉部表情，由此解讀別人的想法和感覺。

書中提到調查發現百分之九十三的人際溝通不在語言，而是身體動作、臉部表情、講話的速度，甚至是站或坐的姿勢、噴什麼香水、戴什麼飾品、留長髮還是剪短髮。這一切所發送的訊息，比任何口語更具說服力。

人際溝通中，從嘴裡吐出來的話語，僅占微不足道的百分之七，非口語的因素比語言更具力量。因此我們可從本書獲取此種非口語的龐大力量，使人際溝通更有效和順暢。

CHAPTER 10

傾聽與同理心

- 積極傾聽的技巧
- 同理心的技巧

自我覺察與領悟

1993年2月，學校剛開學，當時我在台師大就讀博士班，內人正懷胎十月準備臨盆，這是我們的第二個孩子。當她有生產跡象時，我匆忙將她送至三軍總醫院汀洲院區。當天我的博士論文指導教授在師大史研所有課，平日我都以旁聽生身分聽講與陪伴，於是我和內人商量，可否讓我先回學校上課，兩個小時後，再趕回來陪她生產。只見她當時猶豫了一下，不太甘願的說「好吧！」於是我也沒多想，就快速趕往學校上課去了。

沒想到上完課趕回醫院，她已生產完，躺在床上休息。見到我進來，哀怨地說：「已經生完了，獨自一人連個陪伴的人都沒有。」當下我不知該如何回答，一股歉疚感油然而生。

經過此事，我方才覺察與領悟到傾聽與同理心有多麼重要。當時如果我能多些傾聽，聽出她期盼我留下來陪產的心情，並同理孕婦生產的疼痛、忐忑與不安，我就該打消上課的念頭，才不至於遺憾至今。

我發現我只要進到那個教授的研究室，他就會對我毛手毛腳，讓我感到很不舒服......

都叫妳不要穿這麼少跟男人獨處......嗚！（嘴被堵住）

不要搞不清楚狀況就亂講話好嗎？妳把全部情況講出來，我們陪妳去找性平會申訴！

胡鈞怡／繪

人們本性上都比較喜歡說給別人聽，或期望別人聽你說，而不願意先聽他人說。孟子經過觀察後發現此一習性，曾說：「人之患，在好為人師。」真是一語中的，形容得十分貼切。

既然如此，就必須提醒大家，與人溝通時，「聽」比「說」更為重要。**必須先學會傾聽別人說的話，才能有效和他人溝通**。

至於**同理心（empathy），簡單的說就是偵察（detecting）和確認（identifying）一個人的感受（feeling），並適當的反應出來**（曾端真、曾玲珉譯，1996：228）。說得容易，但要做到卻非常困難。因為人們碰到任何狀況，本能反應都是先想到自己，以自己的立場去衡量，想以同理心的方式去確實反應他人的感受，往往都淪為嘴上說說而已，很難真正地實踐。

第一節　積極傾聽的技巧

傾聽有三項基本守則（游梓翔等譯，2012：170-171）：

1.專注：聽對方說話時，必須非常專注，全心全意地聽。
2.調適：針對不同對象及溝通情境，需要不斷調整傾聽的方式，以適應對方及外在的變化。
3.積極：傾聽必須以最積極的態度來面對，才會有最佳效果。

傾聽也有「積極」與「消極」之分嗎？傾聽絕不是聽聽就好，而必須非常認真，以積極的方式聆聽，才能真正聽出或聽懂他人話中的確切涵義，增加溝通的成功率。要想發揮積極傾聽的功效，下列五項技巧就很重要。

☺打開心中耳朵

有形的耳朵長在外面，經由這對耳朵去聽外面的聲音或他人的話語。但卻不是每次別人說話時，你都能無誤的聽進去。也許當時你正處於「心不在焉」的狀況，或根本不願意聽對方說話，甚至是完全「有聽沒有懂」，又或是「右耳進，左耳出」。

以上這些情況類似：(1)虛僞的傾聽；(2)自戀的傾聽；(3)選擇性的傾聽；(4)隔絕性的傾聽；(5)防衛性的傾聽；(6)埋伏性的傾聽；(7)魯鈍的傾聽等（林仁和，2002：95-103），都只是打開了「身體的耳朵」，卻沒能打開「心中的耳朵」。

身體的耳朵是有形的，且隨時處於打開的狀態；心中的耳朵雖無形，卻可由你主控，可以隨時將它打開，也能隨意將它關閉。爲了消除聽覺上所產生的不佳狀態，使我們傾聽他人說話時更有效瞭解其中的涵義，就得打開心中的耳朵。讓這些話進到心裡，才算聽得積極與完整。

如何打開「心中的耳朵」？需要你以「專心」、「願意」、「留神」、「想辦法聽懂」或「留住所聽的話」等狀態，來改善聽覺不佳的狀況。

☺消除主觀選擇

積極聆聽他人說話，除了要打開心中的耳朵，更該消除主觀選擇。當我們聽別人說話時，雖然已經打開心中的耳朵，專注、留意且儘量認眞聽懂他人所說的話。卻因爲主觀的好惡選擇，或對說話對象的接受程度，而影響到聽話的效果。其中最顯著的明證，出現在「偶像」的身上。

如某位國中女生的偶像，除了日本漫畫家青山剛昌或漫畫團體CLAMP之外，國內則屬演唱團體五月天，又以主唱阿信爲代表。當大家都不太願意讀古文或文言文，甚至準備縮減文言文的授課比例時，她聽了阿信的告白和相關報導，指出經常寫詞的他，自小喜歡讀文言文，因此常能將文學或美麗的詞句融入創作中。阿信認爲閱讀古文的感覺很好，勉勵歌迷多讀古文。激起了這位國中女生閱讀古文的興趣，再也不怕背誦文言文。這就是偶像說話的魅力，讓喜歡他們的歌迷非常願意或心甘情願聽他們的話；使偶像的話，產生超強的效果。

反之，如果是其他人對你說古文很優美、很重要，應該多讀、多背，對日後的寫作或創作很有幫助。你聽了他們這番話，一定感到不耐煩甚至反感，當做耳邊風或假裝沒聽見，懶得去明瞭話中眞正的涵義。

爲什麼兩者有那麼大的差別？這就在於你的主觀選擇，對於偶像而言，由於你喜歡他們，所以對於他們所說的話都願意、很注意地聽，非常容易聽出他們話中的意思，並心甘情願照著去做。反過來，如果你面對的是師長，因爲在同學的認知中，師長都比較習慣說大道理，總認爲他們所說的話對你未必有用。即使他們說的內容和偶像差不多，你還是不能感受這些話對你的幫助。這就是主觀選擇的結果，不在於說話內容的差別，而取決於說話對象是否是你喜歡或討厭之人。這種現象，會阻礙了許多你該聽且幫助很大的話；而有些不恰當或不得體的話，你卻照單全收，使你與他人溝通產生偏頗。

該如何解決此種情況？如何消除主觀的好惡選擇，以較客觀的態度面對他人的言語呢？這就是要開始練習的功課，努力做到孔子所說：「在位的君子要大公無私，不因某人言語動聽而貿然舉用他；不因某人身分不高或行爲不善，就輕易廢棄他的言論。」（「君子不以人舉言，不以人廢言。」《論語・衛靈公・二十二》）

☺思考話中涵義

積極傾聽的第三項技巧在如何將他人的話語聽進去，還能確認話中的眞正涵義，不至於產生誤會或發生「言者無心，聽者有意」的狀況。可採取以下四種方式：

一、注意說話對象

傾聽對方說話時，應先注意他的身分及你們彼此的關係。如和師長或上司對話，雖然你已和他相處一段時間，彼此有些熟悉，但畢竟他具備師長或上司的身分與職責，你就必須注意該有的分寸，要認眞傾聽、不可太隨性。

如果說話的對象是同學或好友，由於大家都是同儕，沒有身分的差異，聆聽時就可以平常心對待，以較自在的態度應對。

二、正向解讀涵義

對於別人所說的話，要儘量採取正向解讀，而非負面或懷疑的態度。假設師長在考試前叮嚀：「馬上就要考試了，請將全力放在課業上，暫時不要分心於電腦遊戲或玩樂。」如果持負面或抗拒心態來聽這段話，馬上就會對師長的說教反感。相反的，假如正向解讀，就能明瞭師長在爲你的前途著想。

三、前後相互對照

千萬避免斷章取義，不要只聽一兩句話就斷定對方說話的意思。如有一次一位學生在校園遇見我，劈頭就說：「老師，上你的課好可怕喲！」讓我一時很驚訝，好在聽完他後面的話，才眞正瞭解他說這段話的確切意思。他接著說：「既無法打瞌睡，也捨不得翹課。」可見前言及後語之間的落差有多大。若不前後對照，怎能正確明瞭他說話的涵義。

四、完整聽他說完

許多人傾聽他人說話時，因爲性急或沒心情聽，就立刻認定對方說話的意思，造成誤解而不自知。如小芳有一次拜託爸爸幫她買一本書，這本書她期盼了很久，終於等到出版，迫不及待想儘早看到。沒想到爸爸去書店買的時候，剛好售完，只好多跑幾家書店，終於買到一本，很高興地回家。小芳見到爸爸立刻問買到沒有，爸爸回答：「很難買！」沒想到小芳竟掉下眼淚，以爲沒買到。爸爸趕緊告訴她先別哭，話還沒說完，「雖然很難買，但我多跑幾家後，還是買到了。」於是爸爸調侃她剛剛的眼淚白流了。

☺確認所聽無誤

或許大家總以爲聽人家說話，只要聽了就算完成。卻忽略可能一時沒聽清楚或聽不太懂對方的話，又也許你以爲聽懂其實卻誤會了對方的意思。以上這些狀況，隨時都可能發生。所以必須採行一項很重要的技巧，爲確保所聽之話無誤而須進行「確認」動作。包括「聽話者的確認」，以及「說話者的確認」。

聽話者的確認是指，當我們聽別人說話時，若感到疑惑或覺得不很清楚時，可以請對方重複一次，或由我們主動將對方剛剛說過的話重複一遍，看看是否正確無誤。如我們聽別人說地址、電話及e-mail信箱，爲求正確都會「複誦」一遍讓對方確認。經由聽話方主動，就是聽話者的確認。

說話者的確認是指，說話的人為了確保自己說的話能正確無誤讓聽話者接收，則可主動請聽話者將你說的話「複誦」一遍，就可確知

他是否聽清楚、聽懂和聽正確。如老師在課堂上宣布重要事情後，深怕學生沒注意聽或心不在焉，即使老師重複好幾遍，學生也不一定聽得清楚或正確。此時可請兩三位學生「複誦」剛才宣布的事項，即可確認學生是否接收無誤。

爲了讓我們傾聽他人說話能正確無誤，聽話者與說話者都有責任進行確認動作，若怕麻煩而省略，易讓雙方產生誤會，破壞了彼此關係，甚至耽誤了事情。**聽覺是與生俱來的本能，但積極聆聽卻得靠後天學習與練習，傾聽的效能必能與日俱增。**

☺有效的傾聽

想讓傾聽能產生效果，必須從參與式傾聽、同理式傾聽、非評斷傾聽及深層次傾聽等四方面著手。

一、參與式傾聽

當我們和他人互動並傾聽對方說話時，如果只抱持被動心態，並未認眞參與其中，未能主動參與傾聽過程，一定無法眞正聽出對方話中的含意。僅止於浮光掠影般，似乎聽到了但也毫無感覺。

如上課時老師宣布重要事情，很多同學尤其是坐在後排的同學，一方面漫不經心，一方面也因距離而造成參與感不足，使得他們無法聽得眞切。導致他們好像也有聽到，但壓根就不知道老師到底在宣布什麼。

二、同理式傾聽

本章節會將傾聽與同理心放在一起討論，就是因爲當我們傾聽對方說話時，如能進一步瞭解說話者的情感跟意圖，必能使傾聽更有效果。所以在傾聽時，就應該盡可能採行同理的態度去理解對方的感

受，以對方的眼光來看待事情，才能眞正瞭解對方的意思與情緒，溝通的效果當然倍增。

如我們在傾聽對方訴說失戀的心情和痛苦時，如果自己也曾失戀過，就能以過來人的經驗來同理對方，更能發揮傾聽效果。即使自己未曾失戀過，也該儘量體會對方的心情和情緒，才會有所幫助。

三、非評斷傾聽

傾聽必須以客觀開放的態度，瞭解及接納對方說話的內容；不宜以評斷的方式，選擇自己想聽及認同的部分；自己不同意或反對的部分，就刻意迴避或不予接納。

如小琪非常在意自己的身材，爲了維持苗條，不但刻意減重，還特別注意哪些食品及藥物對身材苗條有幫助，不管成分如何，都花大錢買來服用，也不管是否有副作用或危害健康。有一天小琪無故昏倒被送進醫院，醫生診斷後發現她嚴重貧血、營養不良且體脂肪過低，對身體健康有嚴重影響。可是出院以後，她仍將醫生的交代和叮嚀拋諸腦後，對父母的關心與擔憂也置若罔聞，只在意別人稱讚她很苗條及身材纖細。因爲這種以自我好惡的評斷的選擇性傾聽，使小琪聽不進正確的訊息，最終可能嚐到無法挽回的惡果。

四、深層次傾聽

傾聽之所以困難或效果不佳，很大原因是對方在說話時有很多不同層次的表達參雜在其中，使我們無法聽出深層的內涵。如凱翔有一天穿了一件新外套來班上，他故意在同學面前晃來晃去，希望得到大家的注意。這時有位同學發現了，對他說：「今天穿新外套耶」，凱翔聽了心中著實高興，可是又有點不好意思，就說：「沒什麼，便宜貨，很普通。」那位同學並未聽出他話中的深層涵義，竟然回答說：「我看也是如此，並不怎麼好看，普通而已。」凱翔聽了，當場臉就

垮了下來，一整天都悶悶不樂。那位同學也一直沒有反應過來，不明白凱翔爲什麼那麼不高興（鄭佩芬，2003：185-187）。

傾聽的練習

想要練習傾聽，必須在平時養成多聽的態度與習慣。凡事先聽再說，任何情況下都要忍著不要先說、不要多說，還要誠心、仔細地觀察對方說話時的非語言溝通，確認對方真正想要表達的內容與深層涵義。這些你都做到了嗎？請列出自己傾聽時三項需要改善的地方。

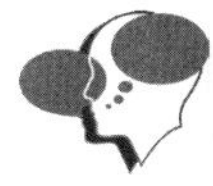

第二節　同理心的技巧

同理心是人際溝通不可或缺的要件，所謂同理心就是站在對方的立場，以「感同身受」的態度處理彼此的關係。只有彼此同心，相互體諒對方，才可能產生良好的人際溝通。從下列六個部分，探討如何善加運用同理心，並增進同理的能力。

☺累積多元經驗

同理的技巧必須始於累積多元的經驗，**當你的經驗愈豐富，愈可能對他人所經歷或面對的狀況，產生較大的同理效果**。平常在生活中，就應該多累積經驗或多經歷一些事情，豐富的閱歷和經驗，對人際相處必有加分效果。

在學校裡，師長不斷鼓勵學生參加社團或校際、國際活動，目的在幫助你增加多元經驗，以利人際溝通的同理技巧之增長。經歷過與他人相同的事物或狀況後，更能產生同理的效果。否則，完全無法想像對方發生這些事情的眞正情境時，同理就只是隔靴搔癢或空談。

如我們都知道婦女懷孕時比較麻煩和不便，若沒有眞正懷孕過，很難同理懷孕的諸般狀況。男性朋友終其一生都不可能經歷此種情形，爲了讓爸爸或男性朋友體驗懷孕的辛苦，若干社福單位或醫院設計了體驗活動，讓男性朋友或爸爸們在肚子上縛著大大、重重的東西扮成孕婦，以較長的時間來直接感受孕婦的辛苦。經過此活動後，參與的爸爸或男性，都更能同理孕婦的懷孕狀況，自然有助於與懷孕者溝通。

每年世界展望會舉辦「飢餓三十」的活動，目的就是讓參與活動的人，體驗一下飢餓的痛苦。在活動的三十個小時中不得進食，只能喝水，才能眞正同理非洲若干國家饑民的處境，進而產生行動，募集資源賑濟饑餓的人。

☺站在對方立場

能站在對方的立場來思考，將使同理更容易達成。可是通常嘴巴上講我站在你的立場，其實還是以自己的立場來思考。爲什麼站在對方的立場並不那麼容易？因爲自私乃人之天性，我們多少會帶有私心來看待對方；即使明知應站在對方立場來著想，卻還是受到自己的立場與觀點所左右。

如做子女的會站在自己的立場，嫌父母嘮叨、管得太多，覺得父母不尊重自己的想法，以致和父母產生磨擦甚至無法溝通。其實自己也會感到苦惱，不瞭解父母爲何總是如此「自以爲是」。而父母也容易站在自己的立場，煩惱於子女如此難纏，不聽父母的建議。爲何總

和父母唱反調，一點也無法體會父母的苦心。

這都是因爲彼此無法站在對方立場著想所產生的狀況，父母是成年人，也曾經當過子女，應該比較容易「同理」子女的心情與想法。可是，卻因爲自恃父母的身分，認爲自己的立場、想法和經驗一定比子女來得豐富與正確。所以應該是子女聽父母的話，以父母的意見爲主。然而今日的子女在民主及溝通的環境下成長，也有自己的立場與想法，當然會和父母起衝突而無法溝通了。

即使最親近的親子關係，都不易站在對方的立場著想，何況一般的人際互動！爲了克服此種困境，建議大家採取「放下」的方式來改善。**所謂「放下」，就是放下自己的堅持、立場、想法與標準，當然這不是說到就能做到**。想要放下，需要很大的決心，要先去除「自我中心」的自私立場，以漸進方式慢慢趨近對方的立場。嘗試改變自己的想法，融入對方的想法，如此將能踏出站在對方立場的第一步。通常第一步最難，一旦跨出去，以後的進展及改變就會加速。

有了跨出第一步的決心，還要持之以恆，不斷爲自己加油打氣，並觀察對方的反應。假設對方的反應很好，相信必然對你願意「放下」的改變，有很強的激勵作用。假使**對方的反應不很理想，也不必氣餒，假以時日你一定能打動對方，讓他也願意站在你的立場來著想**。現在，就先從和父母的關係及溝通，開始試試吧！

☺同理心的具體做法

所謂同理心的具體作法，乃在當別人有任何事情發生，或情緒上之喜、怒、哀、樂表現時，能經由下列方法去瞭解，最後如「親身感受」。同理心的具體作法包括以下四部分：

1.偵察：與他人互動或溝通時，要能「偵察」對方的情緒、心理狀態或需求。只有透過靈敏的偵察，初步掌握或瞭解對方的諸般狀況，才有可能進一步「確認」這些情況是否眞切存在。

2.確認：察覺出對方的各種狀況後，要經過「確認」動作，以證實所偵察到的狀況是否正確，才可進一步「感受」對方受到這些狀況的影響程度，或找出問題的癥結所在。

3.感受：在確認對方這些狀況的眞確性後，接著就要以「感受力」去感覺這些狀況對他產生的影響，或利害關係所在，然後適度「反應」，同理對方的這些情緒。

4.反應：同理心的最後步驟，就是必須具體且有效的「反應」，也就是給予對方適時的支持和回應。這樣做，立刻就能拉近彼此的距離，使對方覺得獲得助力而感動。

如小華因小事和哥哥爭吵，第二天到班上時心情仍未平復，覺得難過和不平。此時他的好同學阿欽經由「偵察」發現小華今天心情似乎欠佳，臉上有怒氣和不快的表情，於是趕緊向他探尋是否發生了不愉快的事，以「確認」自己的「偵察」是否正確。

經他一問，小華立刻將昨天和哥哥吵架的事，一股腦兒向阿欽傾訴，阿欽得以進一步「確認」自己先前的「偵察」是確實的。經過小華的訴說，阿欽再進一步「感受」他的負面情緒，並「反應」讓小華知道自己能感受他的心情，進一步建議如何處理和看待這件爭執，使小華逐漸釋懷及平靜下來，決定當天回家後和哥哥講和。

由此可見，同理心可幫你拉近和人的距離，打破彼此的隔閡。當對方有困擾時，你可以「偵察」發現且伸出關懷之手，使對方感動且樂於接受你的支持和協助，於是你的人際關係又大大增進了。

☺回溯過去經歷

小葳是個小學六年級的學生，有一天放學回家時，她對爸爸說很討厭四年級的小朋友。爸爸問她爲什麼？她說他們好皮喲！在走廊上亂跑，撞到了學姊也不說對不起，一點禮貌也不懂。爸爸聽了不禁莞爾，小葳離開四年級才一年多，就開始討厭或看不慣四年級的學弟妹，也不想想當時自己不也如此調皮或不懂禮貌嗎？

這也充分顯現出一種「人之常情」，當我們抱怨或討厭別人的某些行爲時，往往忘了自己也曾發生類似的情形。自己經歷過的事情，在當時一定印象深刻，而且信誓旦旦絕不加諸於他人身上；可是一旦脫離了那個階段，很快就忘記當時的感受，仍然以同樣方式對待別人。如我們常聽到的一句話「多年媳婦熬成婆」，自己在當媳婦時，被婆婆虐待很不好受，期望有一天熬成婆得以解脫，並發誓絕不虐待自己的媳婦。可是一旦熬成婆，卻很快忘記自己當媳婦的痛苦，仍然繼續虐待媳婦。

同樣情形也發生在父母身上，當你要求或期盼子女考第一名或一百分時，能否回想一下，自己小時候是不是都考第一名或一百分呢？如果答案是否定的，爲何要求子女一定要考第一或一百分呢？

經由以上數個例證讓我們清楚看到，人們的習性是輕易遺忘過去的經驗。所以，在同理他人的情形時，必須先回溯自己過去是否有相同的經驗，就較能達到同理的效果。

☺避免「想當然耳」

當我們想與他人溝通時，會以自己的觀點，「想當然耳」地預判或下結論。最常見的情形是，當學生考不及格或成績很糟糕時，想當然耳就是老師出題太難，上課教的我們都聽不懂，反正一切責任都在老師，沒有想想自己是否也有問題。

如華興與同班女同學婉茹交往，他的占有慾很強，對女朋友管得很緊。但婉茹屬於活潑大方的類型，很喜歡交朋友或參加活動。因此華興對婉茹的行蹤掌握較爲困難，兩人常爲此發生爭執。有一天，華興氣急敗壞地去找他信任的老師訴苦，想當然耳地數落了許多婉茹的不是，認爲她太愛到處亂跑，都不在意他的感受與擔心，講到激動處，甚至打算與她分手。

老師聽完他的敘述，問他：「你眞的想和她分手嗎？」華興愣在當場，想了一會兒才說只是一時的氣話。老師要華興想想，之前說的話是否都是他自己的「想當然耳」，難道對方一無是處、自己全然沒有問題？經過老師的開導，華興終於明白，很多想法其實全是自己一廂情願的「想當然耳」，完全沒有爲對方著想，更別談同理對方的情況與心情了。

☺表達同理心的要求

當我們在表達同理心時，有以下六項要求須特別留意：

一、避免假裝瞭解

當我們完整傾聽對方的陳述後，仍有困惑與不解之處時，就不應該假裝瞭解，而須眞誠的表達說：「對不起！我眞的有些不太理解你所說的某些內容，無從同理你的某種心情，能否請你再多說一些」，或是「不知道我的理解是否正確和恰當，與你此刻的心情能否交流，請你再次告知或補充說明。」

二、避免刻意模仿

當我們聽了對方的敘述，應儘量避免以對方的言語再說一次，或模仿對方的說詞來回應。而應先充分掌握對方表達的重點，以自己的話語來回應和敘述，才是同理心的正確反應。

如小楊這次期中考考得很糟，許多科目不及格，他正向好友政明傾訴自己的心情，覺得既沮喪也很可憐，花了那麼多天開夜車，結果還是如此。這時政明如果只模仿小楊的說詞，覺得他好可憐呦！也跟著一起沮喪，對小楊一點幫助也沒有，只是徒增小楊的傷感而已。正確的同理反應，該是政明幫小楊思考如何改善，才能在下次期末考時考得好，以扭轉期中考的劣勢，並以政明自己的經驗，幫助小楊突破困境。

三、不要以問題代替同理心

當對方向你傾訴時，千萬不要在聽完之後，以問題來代替正確的同理心反應，甚至以封閉性的問題，使對方不知該如何回應。

如有人失戀後向你哭訴，此刻你不該反問他：「有那麼傷心嗎？」、「需要如此傷心嗎？」、「再交一位新朋友不就好了，天涯何處無芳草？」等問題來回應，不但無法發揮同理效果，反而讓對方更傷心，不知該如何回答。

四、避免與對方漫談

當對方毫無目的的漫談時，就該給予他恰當的反應，使用正確的同理心以防止對方漫談，俾能促進彼此交談的深度。

如某人參加演講比賽失利，回來後就對自己的好友傾訴，一會兒怪裁判不公，一會兒懊惱自己沒能充分發揮，一會兒又怪罪主辦單位抽籤方式不佳，述說了半天也不知他想表達什麼？此時好友就該發揮同理心，幫他找出失敗的眞正原因，然後深談該如何改進，以備下次比賽時能爭取佳績，這才是同理心的正確發揮。

五、注意用語層次要和對方的背景相合

和對方互動的過程中，要特別注意對方的背景及出身狀況，如年齡、教育程度、生活經驗、社經地位等，如果對方是教育程度較低或年齡較輕的朋友，我們在用語及表達時，就該以他們聽得懂的詞彙來述說，才能眞正發揮同理心的效果。

六、留意非語言行爲的一致性

如果此刻他正處於傷心或難過時，我們不但在言語上要能同理對方，在非語言行爲上更該表現出一致性——同理的哀傷，讓他感到支持。千萬不能表現出歡愉的非語言行爲，將對同理心產生很大的反效果，必須格外留意（王以仁，2007：137-138）。

總之，積極聆聽與同理技巧是互爲表裡、相輔相成的，只有經由積極聆聽，才能聽出他人話中眞正的意思與感受，再加上同理的技巧，才能達到最有效的溝通結果。

同理心的練習

如何細心察覺與確認對方的情緒狀態，並適當的反應出來。請舉一個實例，證明同理心的重要與效果。

相關學習資源

一、電影

美國電影《深夜加油站遇見蘇格拉底》（導演：維克多・沙爾瓦，2007）

推薦理由：這是一部根據小說改編的電影，劇中主角丹・米爾曼是著名大學的風雲人物，他擁有人人稱羨的完美體態、優秀的學業成績以及富裕的家世背景，卻每晚做惡夢。有一晚他再度因惡夢驚醒而無法入眠，只好騎上機車外出兜風，到了一家加油站販賣部買飲料時，遇見一位年長的加油站員工。

因不知道對方的姓名，但老員工的言語卻極富哲理，於是丹就稱他爲「蘇格拉底」。雖然丹覺得蘇格拉底的話很有道理，但當時並未積極傾聽，未能體會或同理蘇格拉底話中確切的含意與作用。直到丹出了嚴重車禍，才確實傾聽與同理蘇格拉底話中的眞意，而有了極大的突破，成爲眞正的勇者。克服自己內心的障礙外，得以重新回到體操比賽的世界。

二、書籍

《這才是溝通》（劉蘊芳譯，2001，亞瑟・喬拉米卡利、凱薩琳・凱程著，台北市：方智）

推薦理由：作者是臨床心理學家，以述說故事的方式，把生活中及工作上學到的同理心淋漓盡致的表達出來。

在作者看來，同理心已徹底改變了他的爲人；如果想要傳達同理心的潛力，就必須推崇它對作者生活造成的深遠影響。

本書值得閱讀是因爲作者的親身體驗，以實際作爲去感受同理心的力量與無比影響，尤其是PART 2同理心的實踐，最值得大家參考及學習。

CHAPTER 11 人際互動的技巧

- 自我肯定的技巧
- 說服與協商的技巧
- 處理衝突的技巧

自我覺察與領悟

我在大學畢業、懷著滿腔熱忱與抱負進入職場時，認為只要將自己份內的事情做好，不招惹別人，就能一切順利，如我所願的達到人生目標。那時我訂好的目標是，工作幾年後進修研究所，所以我很少和同事互動與來往，僅止於工作上的接觸。我將自己的工作做完後，也很少關注他人的工作或支援單位裡的其他事情。再加上自覺能力好，不太把同事或主管的意見放在心上。工作之餘就將報考研究所的書籍拿出來閱讀，毫不掩飾自己的企圖，也未留意他人的眼光和感受。一段時日下來，同事們都不太搭理我。

有一天，主管忽然將我叫到他的辦公室，劈頭就數落我的不是，包括：無法和同事相處及互動、不聽他人的意見、只管做自己份內工作、對單位整體運作沒有任何幫助、不遵照主管指示做事、以自己作法一意孤行等，足足責備了我三十分鐘，讓我一下子不知該如何是好。只覺一陣委屈湧上心頭，很想到無人的地方大哭一場，但還是忍了下來。等到主管訓斥完，走出他的辦公室時腦袋一片空白，不知道自己到底哪裡做錯了？不久我就被調整職務與工作了。

經過此一事件的刺激，我覺察與領悟到有位老師在我的畢業紀念冊上所寫的話「做事容易做人難」。做事只要肯努力就好，做人則必須注意人際互動的技巧，否則吃力不討好，辛苦半天不但沒績效，反而被人忌妒和責備，讓自己增添許多阻力。在職場上，會做人，才能把事做好。做人與做事密切相關，不可二分。

你提出的這份企劃根本
無法執行！
果然還是用我的比較好！
什麼！？你提出的東西都太守舊啦！
現在的時代要創新懂嗎？你不想做
我就自己做！

抱歉……我剛剛太激動了，
這份工作還是要我們一起
完成才行！
冷靜……
要冷靜！

我也有不對，我們再好好
討論一下吧！
冷靜……
要冷靜！

胡鈞怡／繪

人際互動對某些人來說，也許不困難。可是若你想與人互動得體、順利，獲得對方的認同與支持，還是得費點心思、學習若干溝通技巧，主要包括：自我肯定、說服與協商、處理衝突等三大項。

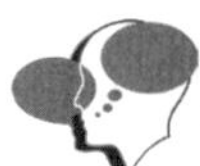

第一節　自我肯定的技巧

自我肯定是人際互動必須具備的核心價值，和他人互動最忌自信心不足，覺得自己一無是處，什麼都不如人。因缺乏自信而畏首畏尾，不知該如何與別人往來，陷於「不平等」的失衡狀態。爲了增強人際互動的自信，可從以下四方面，練習自我肯定。

☺發現自我

我們不是無時無刻都跟自己在一起嗎，爲什麼還要刻意去發現自我？這個疑問不足爲怪，其實最難發現和認識的，不是別人而是你自己。**發現自我並非想像中那麼容易，必須經由刻意的自我覺察，才能有效的瞭解自我**。

發現自我最好的方式就是和自己對話，以建斌來說，他每天都很忙，教書、寫作、演講、處理家事、陪父母、陪兒女。雖然不得閒，但每天都不忘「和自己約會」，也就是利用睡前十分鐘左右，和自己說說話；問問自己這一天過得如何？有什麼得意、欣喜或值得回味的事？和自己討論、分享且說說心得。

因爲如此，建斌每天都能有機會發現自己，愈來愈能掌握自己的進展，知道自己的變化。如果你從來不和自己說話，等到有一天發現自己變得好陌生，找不到自己在哪裡，才想要「發現自我」，就已經難上加難了。

發現自我是一門需要勤做的功課，不是平常不管，等到狀況發生了，才想以臨時抱佛腳的方式去做。**應該養成隨時發現自我的習慣，經由定期的對話，隨時和自己保持互動，認識並熟悉自己的狀況**。

☺找出長處

許多學生，尤其是技職體系的學生，只要一說到自己的長處，就無言以對。問他們爲什麼？答案千篇一率：「一直以來，我的功課都不好，眞的想不出自己有什麼長處。」聽了他們的回答，令人既驚訝也十分心疼。難道我們的學生除了考試成績之外，就沒有別的長處了嗎？這是十分不恰當的觀念及想法。**長處的範圍很廣，例如：熱心助人、善於表達、人緣很好、為人正直、領導力強、富於創意等。就算成績很好，如果沒有其他長處搭配，仍然無法成為出色之人**。反之，如果成績不理想，也不必妄自菲薄，只要有其他長處，仍然能表現得十分傑出。

如偉豪從小成績就不突出，但他很會表達，說話課的成績全班第一，音樂的表現也很好。升上國中後，成績表現也不理想，甚至考不及格。不過讓家長欣慰的是，他從來沒對自己喪失信心，能充分展現其他方面的長處。一直到國三參加基測，出人意料地跌破大家的眼鏡，考得比平常都好，順利甄試上不錯的高中。

高中三年，他的成績仍然乏善可陳，不過他參加球隊比賽得名，參與熱音社的許多活動及演出均獲好評，更交到許多好朋友，高中生活過得多采多姿。到了升大學前，他決定讀建築系，雖然班上同學包括師長都不看好他，沒想到學測成績放榜，又再次讓大家跌破眼鏡，他考得比預期好很多，又順利推甄進入大學。而且他完全靠自己準備推甄資料，很有自信的參加面試，讓師長及同學都對他刮目相看。

實在不必認爲學業成績不盡理想，就自以爲一無是處；只要肯找出成績之外的長處，如體育表現佳、會彈奏樂器、善於語言表達、溝通能力強等，將它充分發揮出來，不但能增加自信，更可無往不利。

☺展露才華

每個人都有屬於自己的才華，所謂「天生我才必有用」。**才華並沒有範圍的限制，只要在某一方面的表現優於多數人即可**。舉例來說，佳慧從小就喜歡塗塗畫畫，而且熱愛閱讀。小學期間，佳慧在人文藝術課中畫了一幅圖畫，竟然得到任課老師一百零二分的成績，參加學校性別平等漫畫比賽，又得到特優獎。小學畢業前夕，學校徵求小朋友為畢業紀念冊的封面畫圖，每班先由小朋友票選出最優一名，送到學校中庭的走廊上展出，再由畢業班全體小朋友票選出一幅最喜愛和肯定的畫作，成為畢業紀念冊的封面。不出所料，佳慧的作品再度成為六年級小朋友公認最喜歡的第一名，得票數高於第二名許多，成為她在小學期間個人才華展現的最佳明證。

升上國中以後，她這方面的才華再度受到全班同學和老師的賞識，榮獲校內法治漫畫比賽特優、學生美展漫畫特優等兩項大獎，同學更是常常向她索畫，成為班上畫漫畫的人氣王。由此得見，佳慧明確展現出她的才華，使她在班上深獲同學及老師的肯定與喜愛。

許多人被問到有何才華，大都一臉茫然，不知該怎麼回答，更別說是展露出來。大都必須經由他人或師長不斷鼓勵與激發，才終於發現自己的才華，如：樂團主唱、吹薩克斯風、寫書法、變魔術、烹飪等。每個人不可能毫無才華，只是沒能發覺。

如何才能有效展露才華，建議可經由參加社團、參與各項競賽或考證照，其中尤以考證照對技職體系的學生最為必要。證照愈多愈好，才華也是愈多樣愈好。單靠一種才華，在目前多變的時代，無法有效應付自我發展的需求。

☺享受成功

如果你付出極大的心力，卻從來沒有享受過成功的喜悅，這不但會嚴重打擊自信，也會讓自己失去再努力的動力。沒有嘗過成功的滋味，不知道成功爲何物的人，總覺得自己處處不如人，甚至形容自己爲無藥可救的「自卑鬼」。

究其原由，乃在於大家都以社會認定的成功標準來衡量自己。這些成功標準不外乎考第一名、一百分，讀到一流學校且繼續追求第一名、一百分，如此循環才是大家眼中公認的好學生。可是第一名只有一個，也無法保證每次都考一百分。除了極少數會考試的同學之外，絕大多數學生都注定是失敗者。不論其他部分有多優秀，都沒辦法獲得成功的鼓舞。我國的教育環境讓許多人喪失了自信，實在非常可惜及不恰當。

爲了突破此一不理想的情況，《雙料生涯》（*Double Lives*）一書中說**「請你用自己的方式為成功定義」**（高仁君等譯，2004：26-28）。成功與否，應由自己下標準和判斷。你可以設定的成功標準是：下次考試比這次考試進步十分，達到了就是一次成功。或者以每週學會一題數學、熟練一句英文爲準，達成了就是一次漂亮的成功。其他包括：早起、不遲到、報名參加比賽、準備考證照等，**從許多地方可以證明自己成功的人，不必一定要和別人比賽且獲勝。**

可以先訂簡單一點的標準，讓自己較容易做到，享受一下成功的喜悅，給自己激勵和肯定。等累積到更大的動能後，再將標準逐步提高。如此持續地成功下去，總有一天會出現大成功。

自我肯定的練習

如何發現自己的長處？請先自問：「我有什麼長處？」即使想不出來，也要勉強寫出五項。然後詢問三位家人或朋友，他們看到你的長處在哪裡？也各寫五項。最後你得到什麼答案或有什麼發現？

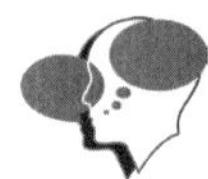

第二節　說服與協商的技巧

人際互動中，不可避免會碰到需要說服或與人協商的時候。現代社會的人際接觸更加「緊密」——居住空間及團隊工作，常見干擾別人或需要對方體諒的事情。為了讓對方在輕鬆、愉快與樂意的狀態下接受說服與協商，就有賴多項溝通技巧的運用，包括：動之以情、說之以理、發揮影響力、掌握關鍵等。

☺動之以情

所謂「見面三分情」，見面最先感受到的是情感交流，隨著雙方互動次數增加及互動時間累積，情感會愈來愈深厚。遇到有事情需要協商時，也較容易獲得對方的讓步和支持。說服亦是如此，看在彼此的情份上，對方較會接受說服。反之，如果平常就很少和對方互動，談不上什麼交情，必須說服對方時，鐵定碰一鼻子灰，無功而返。

情感的交流是說服和協商的重要條件，情感交流須在平時就進行，才能在必要時和對方「搏情感」，達到動之以情的效果。如進民

老師常常在課堂上提醒同學，平時要常和老師接觸、聯絡情感，甚至與老師成爲好朋友，有朝一日需要老師的協助時，才能動之以情，搏得老師的認同。反之，平常你刻意躲避老師，離得遠遠的形同陌路，當有重要的事情需要與老師協商，恐怕成功的機會很小。

☺說之以理

當我們想以感情打動對方但不成功時，可能是彼此的感情還不夠深厚，或對方公私分明、大公無私，或對方有所顧慮或疑惑，這時說之以理就可以派上用場。某些你想說服與協商的對象，可能並不如此感性，屬於比較理性的類型，必須經由更深入的說之以理，才有機會被他接受。

要如何說才能有效？首先自己得確認所說的眞的有理、正當且站得住腳，而非歪理、顚倒是非黑白、強詞奪理。如果是後者，即使說得天花亂墜，也無法被對方認同，更可能適得其反，讓你的說服與協商徹底失敗。說之以理的具體作法爲：

1.理由正確：所說的理由一定要正確，所以要先加以求證，不能有「假消息」，以致失去信用。
2.理由充分：要準備更多的理由，以免說服的力道或自信不足。
3.表達清楚：說理時必須重點及條理分明，沒有模糊空間，使對方確實接收且明瞭。

如永強是一位喜歡說歪理的學生，明明輪到他要上台報告，卻沒有準備。臨上台前才說：「老師：我不知道今天要報告。」老師說：「怎麼可能？上週已當面確認過，你也知道今天要上台。」他立刻語塞，又說：「老師，我找不到你，也聯絡不到你，所以沒有先找你討論報告的內容。」老師聽了說：「這還是不對，同組的其他同學都來找我討論過了，唯獨不見你的蹤影，請同學聯絡也找不到你，怎麼說是你找不到或聯絡不到我呢？」永強不敢繼續編一些歪理或強詞奪理了，他發現，歪理說得越多，露出的破綻也越多，不但不能說服老師，反而讓自己「罪加一等」。早知如此，還不如誠實地說出眞正的理由，就是自己偷懶沒準備，也壓根忘了要先找老師討論這件事。眞誠而清楚地向老師道歉認錯，才有可能說服老師原諒他，接著協商補救之道。

☺發揮影響力

在說服與協商的過程中，如果能適時發揮你的影響力，將會產生更大的加分效果。「魅力」也是影響力之一，會讓對方爲之心儀和折服，對於說服與協商產生正面的作用。

如清朝時有位絕妙才子名叫紀曉嵐，身兼詩人、小說家、評論家、編輯家等多重身分。其人睿智聰穎、幽默滑稽，素以機靈風趣而爲人所津津樂道。乾隆時代江南經濟發達、文化繁榮，文人名士多出自南方，無形中形成一種偏見，認爲北方人不如南方人。北方人到南方做官，往往受到輕視。紀曉嵐是北方人，奉旨督學福建，年僅三十九歲，福建的文人雅士哪會服氣？到任的第一天，侍從即向他稟告，有人說他只讀過三字經、百家姓之類的東西，不配在這裡當學政。

在福州試院論才大典之後，有人在他的寓所門口貼了一副對聯，上聯寫道：「我南方，多山多水多才子。」意思很明顯，是指北方人哪有南方人的才氣高。紀曉嵐明白這是一個警訊，看來不展現一些個人實力，不足以說服他們。紀曉嵐把這幅上聯給當地官員和社會名流看，並說：「這裡缺下聯，請各位補題。」衆人正想看看新任督學大人的才華與魅力，哪肯多事，互相推諉，無人願補題。紀曉嵐見狀，遂說：「既然如此，下官就獻醜了。」他揮筆在紙上寫下：「俺北方，一天一地一聖人。」

這幾個字映入大家的眼簾，頓時鴉雀無聲，在座的福建名流，你看我，我看你，覺得這位督學大人眞不簡單。下聯不僅對仗工整，而且氣勢磅礴，寓意精深，以天覆地載囊括山水，又以聖人統帥才子，這樣南方的優點就大大低於北方了。此事傳開後，原來瞧不起紀曉嵐的人，都被他的才學和魅力給說服了（羅宗揚，2010：50-55）。

☺掌握關鍵

進行說服及協商時，有一些共同的關鍵，包括：

1.切入核心：可以委婉但不可離題太遠、繞來繞去。
2.足夠的自信：對話時語氣肯定、用字簡潔有力、眼睛注視對方，讓他感受到你堅定的態度，增加你的可性度和說服力。
3.營造愉悅的氣氛：無論如何都需要維持愉悅的笑容、平和的語氣和該有的風度，這有賴長期的涵養。
4.保持情緒穩定：千萬不能隨意就被對方給激怒，否則眞的很容易「前功盡棄」、「發了脾氣，丟了福氣」。

說服與協商技巧的練習

透過擔任班級幹部或社團領導人，磨練自己說服與協商技巧。請舉一個實例，說明自己說服或協商成功的原因。

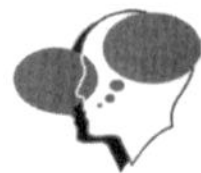

第三節　處理衝突的技巧

人際互動中最難的一項技巧，就在於處理衝突。人與人的往來，難免都有些磨擦，如果沒能及時處理、任由擴大，將會嚴重影響與他人的互動，讓人際關係亮起紅燈，造成明顯甚至不可挽回的傷害。如何處理人際互動中的衝突，可從下列五項技巧來探討：

☺冷靜

與他人互動時，因某些不同的意見或情緒因素而發生衝突，首先要讓自己冷靜下來。你一定質疑，雙方已然產生衝突，必然是情緒高漲、劍拔弩張，甚至恨不得對方立刻從眼前消失。如此怒氣沖天的狀況下，怎麼可能冷靜？

可是，雙方衝突時，如果沒有一方設法冷靜下來，那麼這個衝突將擴大到不可收拾的地步。失控之後，必將造成雙方實質的傷害，到時候想處理或彌補，都已來不及了。也會讓你日後的其他人際互動，產生莫大障礙與遺憾，別人會覺得你是易怒、衝動甚至有暴力傾向的人，怎能不謹慎處理呢？

也許你是血氣方剛或血氣正盛，和別人發生衝突時不願意先冷靜，反而想讓對方瞧瞧你的厲害。但這對人際衝突是最不理想的處理方式，只會使你們的衝突擴大，受傷害的不僅是對方，你自己將付出更大的代價。

爲了避免此種狀況發生，**我們應該認真學習如何在和人衝突時，先讓自己冷靜下來**。因爲在衝突的當時，你無法要求別人冷靜，唯一能做的，只有控制住自己的情緒。**只有先讓自己冷靜，才能讓對方警**

覺到是否也該冷靜，氣氛才不致那麼緊張。讓自己冷靜有三點小撇步：

1.深呼吸：衝突時一定很緊張，彼此的呼吸都很急促，這時務必提醒自己，不要忘了深呼吸，讓自己慢慢吸滿氧氣，以緩和自己的情緒。
2.找回理智：深呼吸而比較清醒、放鬆之後，趕緊把即將失去的理智找回來，以「腦力」而非「暴力」（含肢體暴力與語言暴力）來解決衝突。
3.選擇衝突解決的方案：理智恢復後，趕快研判當時的情況，想出幾種衝突解決的方案，並選出最適合的一種。

☺脫離

衝突時若你已能冷靜下來，下一步驟就須進行「脫離」。**這是指為避免衝突指數升高或衝突情況再發酵，必須進行脫離現場的動作**。因為衝突時彼此都在氣頭上，看對方一定愈看愈不順眼、愈看愈有氣，如果不趕快脫離現場，好不容易冷靜下來的情緒，因為看見對方就在眼前，不由得又再度激動起來！脫離現場的小技巧包括：

1.找到恰當時機：脫離現場須找到恰當時機，如有他人經過或他人代為出面處理（和事佬），剛好插進其他狀況或自己找藉口離開，使衝突暫時停頓，就是脫離現場的好時機。
2.不要刺激對方：即使脫離現場也得注意對方的反應，避免刺激他產生一些激烈的動作，務必以「全身而退」為最高考量。脫離時最好默默進行，不要再說任何不必要的話語，以免節外生枝。

☺癥結

離開現場之後，接著就該開始進入找癥結的步驟。**人際衝突雖然很難避免，但它之所以發生，一定有什麼癥結**。要找出衝突發生的癥結，可從以下幾方面著手：

1.尋找衝突發生的導火線：任何衝突的發生，一定有其前因，這個前因就是它的導火線，找出這根導火線所在，才可善加處理。

2.發現點燃這根導火線的工具：也就是引燃這場衝突的當時原因，才能知曉在何種情況下觸發這次衝突。

3.找出火藥的所在：這才是一場衝突中最核心的因素，也是衝突爭執點的中心，務必得將它找出來且清除，才有可能化解衝突。

經由以上三項找癥結的技巧運用，我們可以分別從「前因」、「當時成因」及火藥所在的「核心因素」，找出完整的衝突癥結，以便能更有效的尋求化解之道。經由衝突癥結的探索，讓我們從中獲得寶貴的經驗和教訓，避免日後重蹈覆轍。

☺化解

衝突不可任它繼續下去，**必須在衝突暫告一段落時，找出化解衝突的策略，讓雙方的互動不受這次衝突的影響**。對症下藥，衝突可能發生的原因包括：

1.價值觀差異：價值觀的差異，往往是衝突的首要因素。就像有

人很節儉，有人很大方。價值觀差異明顯的兩人，如果碰在一起又互不相讓，很容易就產生衝突。

2.意見不同：假如意見不同的兩方都非常堅持己見，那衝突必然隨之而來。

3.期待不同：兩個期待不同的人在一起，又對各自所期待的事項很看重，衝突就無法避免。

光宇曾經歷一次難忘的衝突經驗，他的女兒三歲時因發高燒而住院。一連幾天都上演相同的劇情，女兒白天像沒生病的孩子，要求光宇推著輪椅載她到處兜風；一到晚上就開始發高燒，抱著光宇要爸爸救她。

如此狀況持續了四天，當主治醫生巡房時，光宇趕緊求助。主治醫生交代再安排一次詳細的檢查，光宇只有照辦，帶女兒去抽血和照X光片，之後他一直等待檢驗結果，卻無下文。第二天早上，光宇請太太去值班室問醫生是否有檢驗結果，答案是到下午才能看到片子。

光宇聽了眞是忍無可忍，想想女兒的可憐狀況，哪有時間再等待？他直接衝向値班室找醫生理論，並說他現在就去調X光片，拿來後如果沒醫生願意看片子，他將拿去給院長看。說完就衝到X光片室，結果很順利就借到片子。回到病房，看到好幾位醫生站在門前，包括小兒科主任、感染科主任等，他們立刻將光宇手中的片子拿去討論，並向光宇詳細解釋女兒的病情，終於讓他稍微放心。於是光宇趕緊向當時與他衝突的値班醫師道歉，期望那位値班醫師明瞭身爲父親對女兒病情焦急的苦心。沒想到該値班醫師表示非常瞭解，很容易的就化解了這場衝突。

由此可見，人際互動中的衝突並不可怕，而且無法完全避免，它對衝突中的個人或雙方，是可以有幫助的。如果處理得宜，可以獲得以下具建設性的結果：

一、可以幫助個人成長

1.當彼此處於衝突狀態，我們在表達自己的想法與意見時，會特別留意對方對自己可能不留情面的質疑，促使我們對自己的想法與意見有更深一層的體會及瞭解。

2.當我們瞭解和對方的差異所在，我們會因此更強化對自己的認同。

3.衝突可以讓我們有機會瞭解不同於我們的觀點，藉此幫助我們適時調整、改變自己的觀念、想法或行爲。

二、衝突可以強化雙方的關係

如同以上例子所顯示，衝突的雙方經過衝突的交流與處理，產生具有高度建設性且令人滿意的結果，使雙方的關係更爲緊密（何國華，2005：197-198）。

所以衝突過後，不但不會讓雙方受到傷害，反而能使彼此的互動更趨良好，並在衝突的過程中，瞭解相互的問題，趁此機會將這些陳年問題一併處理掉。發揮清道夫的功能，消除了彼此互動的障礙，增加結善緣的機會（不打不相識）。對於人際互動能增加經驗，避免日後再重蹈覆轍。

☺降低衝突的不良後果

衝突雖然化解，但接著還需要採取進一步作爲，以降低衝突的不良後果，避免衝突再度發生或再導致衝突。對此我們可以採行以下五種方式：

一、建立共同面向

衝突過後雖然經過化解，暫時解除了衝突的危機，但為了避免衝突產生不良後果，**可以採取建立共同新面向的方式來徹底因應，以免原本的衝突反覆發生**。

如晴明目前正在大學就讀，成績不很理想，常在及格邊緣徘徊，他的父母為此很不諒解，以致親子間發生衝突。事後雖然經過晴明的說明和保證會改進而暫時化解，可是晴明一直對所學科系的興趣不大，頂多只能勉強應付及格，想要改善確實不容易。為了降低衝突的不良後果，左思右想後，晴明決定和父母溝通，讓他出去實習一年。因為他比較喜歡實作，實習可以學習就業技巧和累積職場經驗，為日後的就業打下良好基礎，也可彌補課業成績的不足。

經過和父母溝通並獲得他們的支持，彼此建立共同新的面向後，也就有效化解了衝突的不良後果。

二、設置高層目標

想要達成降低衝突的不良後果，也可採行設置高層目標的方式。**想要設置高層目標必須衝突雙方先相互妥協，認可此項共同新目標，相互合作以完成**，才能降低衝突的不良後果。

如同學間為了打掃教室的問題，彼此都有不同意見，為此全班鬧得不可開交，班級氣氛被搞得烏煙瘴氣，班導只好出面化解，為了降低衝突的不良後果，想以設置較高層目標來達成。於是導師向全班表示，本班已很久沒有獲得學校班級整齊清潔的好名次，不如趁此機會全班動員一起努力，爭取全校整齊清潔競賽佳績，並以奪得冠軍為目標。獲得全班支持後，大家共同為達成此目標而努力，降低了衝突的不良後果。

三、設法思想交流

衝突即使已經化解，**事後可以促使雙方互相接觸，分散對衝突的注意力，創造有利彼此交流的環境，進行思想交流**。

好比同學編組進行報告，某一組內有兩位同學對報告內容意見不同並互不相讓，導致發生衝突。爲此組長出面化解，利用午休時間約雙方一起吃便當，創造交流機會，分散對衝突的注意力。在良好友善且輕鬆的環境中，雙方敞開心胸交流相互的想法，找出共同可接納的部分，很快就降低了衝突的不良後果。

四、進行教育訓練

降低衝突的不良後果，也可**透過教育訓練的方式進行，使大家在訓練的過程中陳述自己的看法，並瞭解別人對自己的看法，設法找出造成差異的原因**；開誠布公的討論，一直到找出一致性目標和造成偏差或扭曲的原因爲止。

不過教育訓練的實施，必須符合以下兩項先決條件：

1.接受教育訓練的成員，必須能確定並承認衝突問題的存在，並瞭解發生衝突的癥結。
2.發生衝突或有不同意見的個人，必須願意接受訓練，確實消除彼此間的緊張情勢和衝突的不良後果。

五、實施角色扮演

角色扮演的方式是經由製造一種生活情境，**要某人去扮演另外一個人的人格特質之角色，以確實溝通彼此的情感、觀念與想法，改變對他人的態度**，達到降低衝突的不良後果之功效。

如忠誠和惠美結婚後不久，惠美懷孕了。從此惠美的脾氣變得暴躁且捉摸不定，不斷抱怨忠誠不夠體貼，沒有好好照顧她。忠誠則覺

得很冤枉，認為惠美是無理取鬧，使本來歡天喜地的事，變成彼此衝突的導火線，雙方為此鬧得很不愉快。

還好此時忠誠的公司辦了一場體驗活動——「一日孕婦」，當天每個男性員工都必須在肚子上綁上重物，挺個大肚子體驗當孕婦的滋味。原本以為懷孕沒什麼大不了的忠誠，卻發現挺個大肚子很重，做什麼都不方便；一天下來弄得自己腰痠背痛，更別提孕婦還會孕吐，這是角色扮演無法體會的部分。

至此他才能理解惠美懷孕的辛苦與不適，難怪她會情緒起伏不定並常發脾氣。此後忠誠就能夠疼愛且細心照顧懷孕的惠美，彼此間為此而衝突的不良後果徹底消除了。

處理衝突技巧的練習

當你和他人發生衝突時，對你來說，「冷靜下來、不要衝動」是件容易的事嗎？為什麼？你曾因此得到什麼教訓？日後想要如何改進？

相關學習資源

一、電影

印度電影《三個傻瓜》（導演：拉庫馬・希拉尼，2010）

推薦理由：劇中主角藍丘是一位好學且充滿自信的年輕人，他代替主人（冒用主人的名字）進入印度最高學府——帝國理工學院就讀。他雖好學卻不死讀書，並且非常肯定自己，因此和學校師長有了教育理念上的衝突，尤其是和校長及另一位死讀書只追求高分的同學。

他運用幽默及人際互動的技巧來化解，最後也以第一名成績畢業（當然畢業證書依約交還給主人，因爲上面是主人的名字）。更重要的是，他成功說服了校長，改變了他的教育理念。沒有大學文憑的他，仍以實力成爲一位著名的發明專利家，辦了一所符合自己理念的學校，還娶了校長的女兒，實現了所有夢想。

二、書籍

《溝通與協商》（鄭芬姬、何坤龍，2005，台北市：新陸）

推薦理由：本書在每一章導入標竿人物與焦點話題的介紹，從這些典範人物的經驗可看出，人際互動中溝通與協商的精髓，在於人際間相互的尊重與瞭解，並須具有堅定善良的核心價值做基礎。

本書並針對人際互動能力中的協商技巧、衝突處理、建立形象等，做深入淺出的探討，具有極佳的參考價值。

CHAPTER 12 團體溝通

- 主從關係
- 家人關係
- 團隊合作
- 與顧客的溝通

自我覺察與領悟

我曾在南部一所大學擔任系主任，系上兩位老師平時相處就不很愉快，常為小事爭執。他們都曾個別找我訴說對方的不是，也抱怨之前的系主任沒有出面幫他們處理。我聽了他們各自的說詞，也和前任系主任一樣，我並沒有積極介入；總認為他們已是大學教師、受過高等教育，應該有能力解決彼此的不同意見與衝突。

沒料到幾天後，他們竟在我的辦公室，當著我的面發生嚴重衝突，甚至動手攻擊對方，事情鬧得很大。我目睹他們言語及肢體的攻擊，也頗感震驚；趕緊將兩人拉開，除了個別安撫，先讓事件平息下來，也趕緊進行完整的處理和溝通，以免影響全系的團體和諧。

經過此一事件的衝擊，我覺察與領悟到團體溝通是非常重要的事，對於團體運作及團結和諧，有極深遠的影響。自此以後，我非常注重團體溝通，不論在家庭或職場，只要發生類似狀況，都要及時、積極地處理。

之前年末，兒子跟媳婦工作很忙，都不敢約他們吃飯。現在跨年後應該好一點了，約個時間做一桌菜等他們回家吃吧！

Line訊息送出

媽媽說要做一桌好菜慰勞我們呢！工作結束後看到這樣的訊息真溫暖！

好啊！真的好久沒聚一聚了，我們也買一些菜帶回去一起吃吧！

胡鈞怡／繪

團體關係包括主從關係、家人關係、團隊合作，以及與顧客的溝通等四層面，以下分別探討。

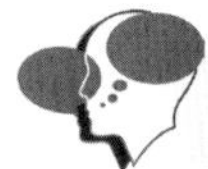

第一節　主從關係

不論我們處於何種團體，都會碰到主從關係。如在學校，師長是主你是從。在班上，班長是主，其他同學是從。在社團，社長是主，其他社員是從。我們的各種角色扮演中，有時是主、有時是從，所以須對向上及向下的溝通，都要有所瞭解。

☺上行溝通

當你處於「從」的位置，就得瞭解及採行「上行溝通」的方式。否則會因溝通方式不當，造成主從關係的緊張及阻礙。上行溝通的技巧，主要有下列四方面：

一、瞭解上位者的企圖與期待

處上位者一定負有較大的責任與使命，這是處下位者必須試著瞭解的地方。如在學校，你得瞭解老師的企圖與期待，才容易和他溝通，否則只會造成「對立」或「疏離」。依此類推，各種主從關係裡，愈能體察與實踐上位者的企圖與期待者，彼此的關係也愈好。

二、主動出擊

多半人與上位者相處，都是處處躲避、最好不要見到他，往往產生不少隔閡及不必要的誤解。若能主動和上位者接觸，就能讓他熟悉你的能力與狀況，溝通會更爲順利。你會更容易得到上位者的支持與

賞識，成爲他的得力助手，對彼此都「雙贏」。

三、建立信任

如果你對上位者不信任，對他所說的話抱持質疑的態度，就不會想和他溝通，甚至處處提防他，形成上下溝通的障礙。反之，你也要以能力與責任心，贏得上位者對你的信任。否則，無可用之兵，部隊也無法作戰。

四、態度積極

與上位者溝通，態度必須積極。有什麼狀況或問題，不應該默默放在心中，要趕快提出來讓上位者知道，才能及早處理和解決。拖拖拉拉或遮遮掩掩，等問題眞正發生或變嚴重了，才不得不和上位者溝通，不但爲時晚矣，還會造成無法負擔的賠償。

☺下行溝通

如果你此時處於上位，「下行溝通」的技巧，至少有以下四項：

一、瞭解下位者的狀態

上位者有責任瞭解下位者的狀態（包括：需求、能力、家庭、身心狀況……），才能有效的和他們溝通。否則高高在上，永遠無法和下位者產生交集。唯有找出與下位者共同理解之處，想和他們溝通，才較容易被接受。在學校擔任社團的社長，常因無法得到社員的支持而困擾，此時就要花時間與社員談談，瞭解社員的狀態，否則帶領社團時會困難重重。

二、體諒及放寬標準

通常上位者的能力與經驗，比下位者來得強，所以上位者想和下位者溝通時，就得採取體諒對方的方式，爲下位者解決問題。或先放寬標準，讓下位者能做得到與適應環境，才有可能和他進行有效的溝通。許多時候下位者「眞的」聽不出上位者的用意，「眞的」不知道自己犯了哪些錯誤，或錯得有多嚴重。

三、信任對方

前述下位者要建立對上位者的信任，才能和上位者無礙溝通。相對的，上位者也應該信任下位者，這是一種雙向的往來。但上位者要信任下位者並不容易，因爲他們大都不滿意下位者的表現，所以很難充分授權，總想要指導甚至親自去做。但其實信任是指相信下屬的能力會日漸增進，所以還是要分配工作給他，必要時再予以監督、催促。

四、輕鬆對待

上位者要和下位者溝通時，要瞭解下位者的緊張和壓力，所以可採用比較輕鬆幽默的方式，讓下位者感到愉快和受到激勵。如錦輝老師和學生溝通後，學生會對他說：「老師：我好喜歡你輕鬆的態度、詼諧的語言，適時的笑話和燦爛的笑容，以後我還要常來找你聊聊。」

主從關係的練習

打工時的主從關係，因工作場所的性質與領導風格而有頗大差異。但主管多半嚴格、要求很多，所以下位者經常遭到指責，不禁會懷疑：「自己真有這麼糟嗎？」從打工的經驗中，你學到哪些向上溝通的技巧？

第二節　家人關係

我們從出生開始，就注定要在某個家庭中成長，這是無法選擇的，一輩子都要在這個團體中和家人互動。家人關係無比重要，沒有其他團體可以取代。所以必得和家人好好溝通，否則將陷於十分痛苦的境地。

☺和父母溝通

子女和父母的溝通有何困難？父母基於愛護或關心子女的心情，常強迫子女接受父母的「好意」。但身爲子女的我們，所思所行不一定與父母吻合；該如何與父母溝通，才不致產生對立、磨擦或逃避、疏離？可從以下三項要訣著手：

1.主動溝通：將你的想法主動且充分地告訴父母，讓他們清楚瞭解，獲得他們的體諒與支持。
2.同理父母的心情及立場：不要老嫌他們嘮叨，給予他們相當的尊重，使他們放心及信任你的表現。
3.和諧溝通：父母有任何不快時，不要和他們直接衝撞；先冷靜下來，再找其他方式或時機來溝通。

☺和手足溝通

在家庭中與兄姐弟妹的溝通，應該比和父母溝通稍微容易一些。因爲父母畢竟是有權威的長輩，而兄姐弟妹則是平輩。可是，想和兄姐弟妹溝通良好，也不如想像的容易，得運用以下三項較佳方式：

1.相互尊重並多想對方的好處。
2.有意見時要坦誠說出來，儘量獲得對方的諒解。
3.實在無法溝通時，可借重家中其他成員的力量來幫忙。

☺夫妻溝通

夫妻關係是家庭關係的核心，有了夫妻關係才能發展出其他家庭成員的關係。是故，我們必須探討這種家庭關係，為日後組織家庭做準備。

夫妻關係的建立，是雙方經由陌生人進而相識、相知與相愛，最後合組而成。此種關係既沒血緣基礎，也無任何強制力，完全是以「愛」為出發。它是一種最奇妙，也最需要禁得起考驗的關係。

所以，夫妻間的溝通就顯得格外重要。想要讓夫妻關係長長久久，不至於因一些小問題就鬧得無法收拾，最好的方式就在加強彼此的溝通，使雙方都能在順暢的溝通中消除婚姻的阻礙。想使夫妻溝通良好而通暢，最佳的方式就在於採行以下五項要訣：

1.多說甜言蜜語：夫妻天天相處在一起，日久總覺得愈來愈理所當然，欠缺婚前談戀愛時的甜蜜感覺，也不願再說任何甜言蜜語。**夫妻相處愈久，愈需要甜言蜜語來維繫雙方的情感**，使對方知道你始終都愛著他。故請不要忘了，時常對另一半大聲說出「我愛你！」
2.運用約會溝通：夫妻間難免有一些事情要彼此溝通，當你們在家中大眼瞪小眼，很難有較佳心情進行有效溝通。倒不如空出一點時間，找個氣氛良好的場所來個約會，不但能增加夫妻間的情感，也可使溝通達到效果。如凱翔有一次為了兒子的管教

問題，和另一半騰出半天時間，開車到九份一家古樸的咖啡館約會。聞著香醇的咖啡，看著優美的基隆山和美麗的海景，不禁讓人心情爲之一開，好像回到以前談戀愛時約會的感覺，溝通起來格外輕鬆順暢，很快就形成共識、解決了問題。

3.欣賞對方的優點：夫妻在一起久了，漸漸看到都是對方的缺點，而且越來越容易發現許多未曾見過的缺點。如果彼此一直圍繞在對方的缺點打轉，將會愈發看不順眼，使得雙方溝通時障礙叢生，徒增許多困擾。爲了消除這些溝通阻礙，最好的方式是想辦法以欣賞的角度發現對方的好處。相信以你的眼光，當初會嫁或娶對方，一定是有很多優點吸引你。此時就必須將那些優點找回來，並以欣賞的眼光來對待，一定會突破這種看不順眼的障礙。

4.及時化解爭執：所謂「床頭吵床尾和」，夫妻在一起不太可能沒有爭執，有爭執才代表彼此在乎對方，夫妻間連爭執都懶得進行時，那情況就嚴重了。可是，這也不代表爭執要常常發生，或發生後也不必管它，而是要在爭執過後即刻處理，使爭執獲得解決並和好如初。尤其夫妻間的爭執，絕對不能翻舊帳，數落對方過去所有的不是；也不能將爭執留到下次，必須在此時解決，一切的不快到此爲止。

5.不可冷漠對待：夫妻間相處久了，常常會爲了小事起爭執，這是非常正常的狀況，只要能及時處理，找出其中的癥結來溝通，把事情說開來就好解決。最怕就是有了爭執而不處理，以冷戰的方式來應對，那將使夫妻關係越來越冷淡，也愈發無法溝通，如果夫妻間連爭執的熱情與動力都沒了，還談什麼夫妻情感與溝通。**所以夫妻關係最大的殺手就是冷漠、不搭理對方**，所謂「冰凍三尺非一日之寒」，到時才想改善或溝通，就難上加難了。

靜芝和先生是師專時期的同學，兩人在學期間就相知、相愛、互相支持，畢業後也順利就業、成家，並有了一個可愛的女兒，家庭可謂幸福美滿。可是婚後爲了是否要搬出去自己住，夫妻間起了很大的衝突。爲了能維繫婚姻，最後他們還是選擇離開夫家的父母，自行買屋居住。至此問題好像已經解決，可是之後他們夫妻的相處模式就變成遇到任何問題都冷漠以待、不搭理對方，竟然持續三年之久。一般夫妻三天不講話應該就十分難過，他們竟可以三年不說話還能生活在一起，眞是不可思議。最後雖經一番努力仍然徒勞無功，兩人還是走上離婚一途。

☺婆媳溝通

夫妻關係成立後，所衍生出的新關係中，最難處理也最棘手的，當屬婆媳關係。因爲婆媳分處不同家庭，婆婆又是長輩，對新媳婦而言，憑空多出一位無血緣連結的母親，而婆婆則多出一位不太熟悉的女兒；**兩者因家庭背景與觀念作為等差異，又沒有血緣基礎，若要時常相處在一起，自然很容易發生摩擦及爭執**，此時如無法有效化解與溝通，將造成婆媳關係緊張，影響家庭和諧。

婆媳關係要變好，必須注重相處和溝通，可以採用以下五項技巧來進行。

1.善用先生當橋樑：先生是婆婆的兒子，也是她最疼愛的對象，如果媳婦能多透過先生去瞭解婆婆的觀念和喜好，就比較容易相處，也不會踩到婆婆的地雷。反過來說，當媳婦有任何不快或意見時，也可藉由先生去和婆婆溝通，前提是必須讓先生瞭解是爲了家庭和樂，使太太和母親融洽相處，才不會覺得是夾心餅乾、左右爲難，才能樂於且有效擔任橋樑的任務。

2.彼此少計較：婆媳相處的最佳狀態是彼此當母女，話雖如此，畢竟雙方不是眞母女，多少會有看不順眼的地方，此時就要放下堅持，相互體諒對方的需求，不要去計較對方的表現。互相調整慢慢磨合，就能愉快相處，逐漸變成眞母女。

3.相互多尊重：婆媳是因婚姻而相處在一起，各有各的生活習慣，實不必強迫對方一定要和自己一樣。可經由時間的磨合，慢慢縮短彼此的差異，但絕不可硬要對方改變原來的生活樣態來配合自己。應該尊重對方的生活型態，並逐步培養默契，慢慢去適應對方，相處起來才會愉快而無障礙。

4.要留出空間：婆媳相處在一起，很容易因距離縮短而無所遁形及逃避，彼此都會感到若干壓力，所以最好保持適度的距離和空間。婚後婆媳不要住在一個屋簷下，最多同住一巷或在不同的樓層，擁有屬於自己的生活空間又可以互相照應，是最理想的狀態。

5.以朋友對待：婆媳間要維持既是家人又是朋友的關係來相處，如此不但能消除壓力，也可愉快交流、談心，這才是最佳的婆媳關係。

總而言之，婆媳相處與溝通，是門必修的家庭功課。雖然不容易，但只要大家肯用心，善用以上這些技巧，相信婆媳關係將會是家中最美的風景。

☺與其他長輩的溝通

除了父母及兄姐弟妹，家庭中還有其他長輩，如祖父母、外祖父母、叔、伯、姨、舅等，也是你必須面對和相處的對象。如何才能良好溝通，不致於造成隔閡與彆扭，有賴以下三點訣竅：

1.抱持該有的敬重：即使今日社會風氣開放、自由，長輩依然是長輩，身為晚輩必須保持該有的分寸，可以適度放鬆但不放肆，更不可有不禮貌的動作。

2.注意用語及用詞：時下一些流行用語或電腦上常出現的「火星文」，長輩可能並不清楚，與長輩對話時就得注意避免使用，以免變成雞同鴨講或造成誤解。

3.對長輩的意見要尊重：長輩畢竟在人生閱歷、學識與經驗各方面，都比你豐富和淵博。**當我們和長輩的想法不一致時，可以先尊重他們的意見；如果真的無法接受，不要當面衝突，日後再找適當時機和他們溝通**。

綜合以上，家庭關係對我們而言非常重要，也天天都得和不同的家庭成員進行溝通。只要能有效運用上述各項訣竅與技巧，一定能經營出健全的家庭關係，成為家庭溝通高手。

家人溝通的練習

注意自己和家庭成員的言詞與表情，別以為都是親人了就百無禁忌，於是有話直說或不留情面，造成對家人的傷害，而且此種傷害很深、很難平復。你曾有被傷害的經驗或家中曾出現這種傷害的情形嗎？結果如何？

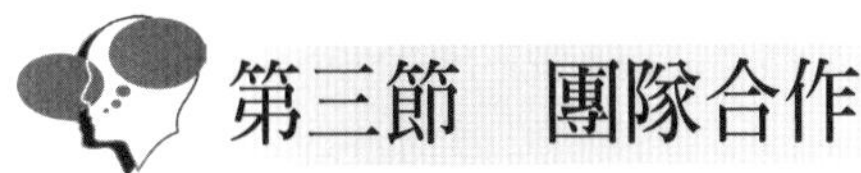

第三節 團隊合作

除了家人之外，同儕間的往來隨著成長愈來愈重要，包括朋友、同學、職場打工或正職的同事。如何才能和同儕順利溝通、團隊合作？

☺注重禮節

與同儕往來雖說是平輩，其中仍需要重視一些禮節，包括：

一、打招呼

在路上相遇或進到工作地點，要趕快和對方打招呼，如此才會讓人覺得舒服，願意和你互動。如小珊回家時抱怨，在校園遇見以前的同學，她想打招呼，可是對方卻連理都沒理她就擦肩而過，讓她覺得很不舒服。從前的同學或朋友對你視而不見，都已令人生氣，何況是現在的同學或工作上需要互相支援的同事？**如果對人不理不採、目中無人，就不只是影響對方的心情，還會產生衝突、耽誤工作**。所以，別小看一個小小的打招呼，對同儕或同事間的互動、溝通與合作，不但會發生畫龍點睛的效果，甚至產生決定性的影響。

二、多說請、謝謝、不客氣、對不起

平時和同儕互動，要常將請、謝謝、不客氣、對不起等放在嘴上，才能讓對方願意與你往來。如想向同學借原子筆，得說：「請借我原子筆用一下，好嗎？」，用完後還給同學，一定不要忘了「謝謝！」，借你筆的同學也該回應「不客氣！」。走在路上或走廊，因

爲人多而不小心碰撞到別人，一定要趕緊說「對不起」，否則被碰撞到的人一定會不高興。雖只是一句簡單而有禮貌的話，運用之妙但看你能不能隨時提醒自己。

三、絕不惡言相向

同儕或同事相處，最怕因爲一些小狀況而口出惡言，即使開玩笑也不行。所以一定要警惕自己，**愈是生氣或情緒不佳時，愈要控制自己的情緒，不要隨便說話，以免話說出口被對方聽到後，就再也收不回來了。**

☺讚美鼓勵他人

沒有人不需要或不喜歡讚美和鼓勵，如英傑老師常在課堂上讚美及鼓勵學生，說他們都是英才，是他教過最好的學生。學生聽了表面上說：「老師你好噁心喲！」心裡卻高興萬分，願意表現得更好。很多人吝於向別人說讚美和鼓勵的話，總覺得這些話是在諂媚與討好對方。

讚美與鼓勵是門藝術，只要運用得當，就能發揮無比強大的力道，其中關鍵就在以下四項要訣：

1.發自內心，眞誠而不做作。
2.用心找出對方值得讚美及鼓勵之處。
3.讚美和鼓勵時態度要自然大方。
4.讚美與鼓勵要具體、適度，不必浮誇、過度。

☺多為別人著想

「人不爲己天誅地滅」，人是自私的動物，多少都帶有私心。可是人類也是萬物之靈，能運用理性克服天性的弱點，這亦是人類最値得驕傲之處。**當我們和同儕互動時，要多為別人著想，多幫別人一些**。如你的同學生病請假，你爲他著想，將當天授課重點與作業整理一份給他，一定會獲得同學的感激。又如你在班上打掃教室，發現某位同學擦上層玻璃窗時，因個子矮而擦不到，這時你順手幫他擦乾淨，一定會增進彼此的情誼。只是舉手之勞，就能發揮不一樣的溝通效果！

☺吃虧就是占便宜

很多人喜歡開玩笑：「我什麼都吃，就是不吃虧。」如果你眞的是這句話所形容的人，那可得注意自己與同儕相處的狀況了。爲什麼不喜歡吃虧會遭遇同儕溝通的阻力呢？**因為你不喜歡吃虧，就得別人吃虧；別人吃虧多了，而你又從不吃虧，大家一定不願意與你接近，免得老是吃你的虧**。我們要改善與同儕的關係，就必須瞭解「吃虧就是占便宜」的道理。如小美升上國中後，自願擔任班上的環保小尖兵，雖然工作十分辛苦，不但早上要提前到校，下課還要去評各班整潔分數，中午也不能午睡，要去做資源回收及垃圾分類；讓她覺得這份自願擔任的工作實在虧大了，眞是有點後悔。

可是不久之後她發現，環保小尖兵也有許多好處，如可以認識許多別班的同學或學長姐，可以威風的評分，可以喝到老師犒賞的飲料。由於她的認眞負責，獲得老師與同學的讚賞，大家都很欽佩她，最後還能記嘉獎。因此表面上擔任環保小尖兵好像吃虧，實際上卻占了大便宜！

同儕互動時不要計較太多，不要只是自己贏，更重要的是能讓別人也贏。如果你的功課好且考第一名，還能幫助其他同學也能考得好成績，這才算是眞正的好事，才能獲得全班同學的感激和支持。

☺共創雙贏

不論從成功學、管理學或人際溝通等各方面來看，現在都不再是單純的競爭關係，不是你贏就是我輸或輸贏截然劃分。輸的一方全輸而贏的一方全贏的「零合遊戲」時代，已經慢慢轉變爲輸贏相合、有輸有贏、輸贏互補，最後能共同創造雙贏的最佳結果。

這就是爲何強調同儕相處與溝通的最後一項要訣「共創雙贏」的原由，是在向大家提示**與同儕互動時不要計較太多，不只是自己要贏，更重要的是能幫助別人**。在班上不是自己的成績好就足夠，能使全班同學都考得好，才能算是眞正的贏家。如小美就常常犧牲自己的時間，幫助其他成績較差的同學複習功課，因此博得同學們的喜愛。

總之，同儕間的溝通，只要能掌握以上所探討的六大要訣，自己稍微體會一下，並在同儕間嘗試去實踐，相信一定會讓你在同儕之間，發揮非比尋常的溝通成效。

同儕溝通的練習

仔細想想，你是怕吃虧或不怕吃虧的人？請你計算一下，今天你做了多少吃虧的事？覺得幫助了多少人或有哪些收穫？

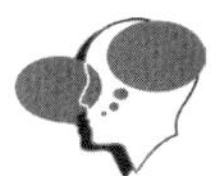

第四節　與顧客的溝通

職場上一定要和顧客溝通良好，獲得他們的認同與支持，業績才能順利擴展。其中可善加運用的技巧，包括以下各項：

☺笑容滿面，客氣有禮

面對顧客，臉上一定要有燦爛的笑容，而且是發自內心，不是「心不甘情不願」。否則就算你整天掛著笑容，也無法讓顧客感到舒服。

如中華郵政公司自改爲民營之後，致力於形象改造，除了更新企業識別標誌，更全力提升服務品質。對第一線櫃檯的工作人員進行訓練，面對顧客時都能展露燦爛笑容。顧客滿意度不斷提升，獲得2005年《壹周刊》民調政府機構服務第一名。

面對顧客時禮貌要周到，讓顧客與你接觸有賓至如歸的感受。可是一定得提醒自己，**這些禮貌與客氣的話，千萬不要公式化、職業化，變得像是不得不應付**。我們進出便利商店購物，對於店員的禮貌及客氣對話，總覺得欠缺一些眞心及誠意。當然，說了總比沒說好，但既然說了，就應該讓它發揮眞正的效果，使顧客感受到該有的親切對待。

☺傾聽顧客的需求

如果你以顧客爲出發，**隨時注意及傾聽顧客的需求，即使某些需求不太合理，仍能找出其中可行或可以理解之處，以最大的心力滿足**

顧客，或做出恰當的回應。郭台銘之所以能創造出如此輝煌的事業，就在於細心傾聽顧客的需求。他全年在世界各地奔走，直接到顧客身邊瞭解他們的需求。郭台銘從不覺得顧客的需求不合理或刁難，反而回應說：「您放心，為了滿足你們的需求，我們立刻設廠來代工你們所需要的零組件。」他所統領的鴻海集團在全世界各地，包括美國、歐洲各國、中國大陸、印度都設有代工廠，就是為了能就近傾聽並即刻滿足顧客的需求，這才使得鴻海能不斷成長，與立於不敗之地。

☺樹立專業形象

所謂專業形象，不是只有對行業知識的瞭解，還需要針對本行之外的相關資訊加強充實，才能完全解決顧客的疑惑和問題。舉例來說，不論公私立銀行，都已開辦電話理財或網路理財服務。如今的理財專員對於顧客提出來的狀況及問題，都能巨細靡遺的正確回答，不必轉接其他部門。因為這些理財專員都受過專門訓練，因此能樹立極佳的專業形象。

由此看來，想要在顧客面前樹立專業形象，以利和顧客的溝通，就必須採行以下三項要訣：

一、隨時自我進修

一個人的知識是有限的，而且很快就會消耗光，這時就得靠進修來補充。隨時保持進修，才能使自己的知識源源不絕。**除了靠別人或公司安排的進修外，自己也要隨時進修或主動參加進修活動**。多閱讀相關資訊與書籍，也可增進多元知識。如台灣半導體之父張忠謀在自傳中透露，他每天讀書至少三、四小時，而且看很多有關管理方面的雜誌與書籍。這些閱讀與進修，雖然與半導體科技業的本職無關，卻對他的專業形象有很大的幫助。

除了需要不斷在本行專長上磨練之外，也要多和他人交換專業知識及經驗，建立專業的自信。有了充分的專業知能，與顧客溝通就能事半功倍了。

二、全方位服務

與顧客的溝通，除了言語之外，更需要透過實際的服務行動來達成。所謂全方位服務是指面對顧客時，不論何種要求或任何刁難及問題，都能全面的迎刃而解，爲他們提供最圓滿的服務。

舉例來看，《遠見雜誌》於2005年所做全台灣十大服務業評鑑調查，其中商業飯店類的第一名爲亞都麗緻飯店。爲什麼亞都麗緻飯店多年來都能高居台灣服務業最佳表現的榜首？該飯店總裁嚴長壽先生接受專訪時說：「我們嚴格要求所有員工，都要能爲顧客做到全方位服務。」

亞都麗緻的所有員工進入飯店服務時，都先接受半年以上在職訓練，而且要經歷所有部門，包括：訂房部、櫃檯部、餐飲部、客房部、清潔部甚至廚房，然後才能正式上線服務。任職期間也要定期更換不同部門，務必讓每一位人員都能熟悉所有部門的工作，這才算是一位合格的全方位服務員工。

經過如此磨練，當顧客進入該飯店時，任何一位員工不必假手他人，就能提供所有服務。顧客提出任何問題或要求，都能一次搞定，不必再找其他部門協助。如此不僅節省時間和人力，更能爲顧客提供最迅速、完整及全面的服務，讓顧客覺得無比滿意。**這種全方位服務的專有名詞為「一次式的服務」（One-Stop Service）**，目前已經成爲服務業爭相採用的指標性服務。可讓顧客充分見識專業訓練的成果，對服務留下深刻而良好的印象。

與顧客溝通的練習

請分享或整理你在打工或工作上曾接受過的「如何與顧客溝通」的訓練，有多少領悟與收穫？

相關學習資源

一、電影

美國電影《穿著PRADA的惡魔》（導演：大衛・法蘭科，2006）

推薦理由：劇中主角米蘭達是美國時尚界聖經《伸展台雜誌》的總編輯，在工作上尖酸刻薄、心狠手辣的態度，讓她獲得「惡魔」的封號。

剛畢業的社會新鮮人安德莉亞，憑著常春藤名校的漂亮學歷，面試擔任米蘭達助理的工作。由於她對時尚界不瞭解，穿著也不符合時尚要求，本來不被米蘭達所接受。但她面談時展現的自信，對自己在工作上一定能勝任的肯定，最後仍獲錄取。之後安德莉亞努力在職場上和各層級同事溝通，私下也得和家人、好友化解公司無法兼顧的衝突，開啓一段職場冒險記。

二、書籍

《不要一個人吃飯》（鶴斐，2007，新北市：菁品）

推薦理由：本書係以人脈的概念、人脈的形成、人脈的使用、人脈的擴展爲基本線索。著重闡述如何獲取上司、同事、下屬、成功人士、客户朋友、合作夥伴的支持。這些支持都是人脈建立的基石，必須透過團體溝通中的各項溝通管道去達成，否則仍有可能變成紙上談兵，非常可惜。其中若干篇章，可供學習本章各項溝通面向之參考運用。

參考文獻

一、情緒管理部分

大前研一（2006）。《OFF學——會玩，才會成功》。台北市：天下。

天下編輯（2000）。《做你所愛，愛你所做——追求「專業」的新時代》。台北市：天下。

王祥瑞（2011）。《李嘉誠談：做人．做事．做生意全集》。台北市：大都會。

王楷星（2012）。《歐巴馬給青年的9個忠告》。台北市：海鴻。

台灣精神醫學會譯（2014）。American Psychiatric Association著。《精神疾病診斷與統計手冊》（五版）（*Diagnostic and Statistical Manual of Mental Disorders, DSM-5*）。新北市：合記。

石田淳（2015）。《孩子不再三分鐘熱度：培養堅持學習、自動自發好習慣》。台北市：大好書屋。

朱姿樺（2009）。〈好習慣吃健康，遠離安眠藥〉。《聯合報》，A2，2009/11/24。

朱麗真譯（2009）。最上悠著。《負面思考的力量》。台北市：商周。

江慧珺（2015）。〈研究證實，助人為樂是真的〉。《聯合報》，A10，2015/12/20。

余佳穎（2015）。〈全台每4人有1人有網路焦慮症〉。《聯合報》，2015/1/26。

吳佳珍、鄭涵文（2014）。〈16種快樂方法，有科學根據〉。《聯合報》，P5，2014/4/13。

吳美慧譯（2001）。《重新發現時間》。台北市：張老師文化。

吳涔溪（2007）。〈台灣480萬人睡眠出問題〉。《大紀元》，2007/3/20。

吳淑君、羅建旺（2010）。〈燒炭剛出院，失業爸，兒面前跳樓〉。《聯合報》，A14，2010/6/4。

吳淑玲等（2008）。〈大學生飛撞前女友，再回頭活活輾死〉。《聯合報》，A5，2008/12/19。

吳傑民譯（1996）。Martha Manning著。《暗潮下：當心理醫生得了憂鬱症》。台北市：智庫。

吳寶春、劉永毅（2010）。《柔軟成就不凡》。台北市：寶瓶。

呂思逸、魏莨伊（2016）。〈過年都在吵架，新北年後154對夫妻離婚〉。《聯合報》，B2，2016/2/27。

宋偉航譯（2012）。Tony Wagner著。《教出競爭力：劇變未來，一定要教的七大生存力》。台北市：方言文化。

李瑞玲等譯（1999）。Daniel Goleman著。《EQ II——工作EQ》。台北市：時報。

李鈺華、許湘翎譯（2003）。Sally Planalp著。《情緒溝通》。台北市：洪葉。

李璦祺譯（2016）。長沼睦雄著。《解憂處方籤——日本心理名醫談壓力的洞察與釋放》。台北市：東販。

李曜丞等（2004）。〈致命的分手，揮刀跳樓四死一傷〉。《聯合報》，A3，2004/1/6。

沈育如（2014）。〈240坪祕密花園，文化師生一手包〉。《聯合報》，AA，2014/1/15。

沈育如（2014）。〈耐心、熱情、堅持，江振誠：別等指令做事〉。《聯合報》，A5，2014/6/8。

阮南輝、張宏業（2010）。〈七夕分手後…他路邊砍她25刀〉。《聯合報》，A16，2010/8/27。

亞奇譯（2012）。Helen Whitney著。《原諒》。台北市：三采文化。

林口長庚醫院自殺防治中心（2008/1/4）。急診自殺統計年報表，www.cgmh.org.tw/intr/intr2/c3360/suicide/.../年報.htm

林雯譯（2015）。福田健著。《日本溝通大師教你生氣的技術》。台北市：城邦。

邵虞譯（1994）。Bernie S. Siegel著。《愛、醫藥、奇蹟》。台北市：遠流。

胡瑋珊譯（2002）。Glenn Van Ekeren著。《12道快樂工作雞湯》。台北市：正中。

徐如宜（2010a）。〈育瑄：活著真好，我珍惜每個今天〉。《聯合報》，頭版，2010/6/21。

徐如宜（2010b）。〈冰鎮雙腳女孩，告別式不流淚〉。《聯合報》，A8，2010/8/28。

祝家康譯（2011）。Robin Casarjian著。《療癒之鄉》。台中市：奇蹟資訊中心。

袁瑋（2014）。〈憂鬱爸媽，情緒別丟給孩子〉。《聯合報》，D2，2014/5/3。

財團法人董氏基金會，《莎喲那拉，憂鬱》，http://www.jtf.org.tw/psyche/melancholia/what.asp

高育仁（1999）。《心理治療DIY——常見心理疾病的自療與助療良方》。台北市：遠流。

高宛瑜（2014）。〈「自由擁抱」環島，罕病女給大家力量〉。《聯合報》，B2，2014/8/16。

張心慈（2016）。〈另類人生，另類學習〉。《聯合報》，D4，2016/2/27。

張春興（1989）。《張氏心理學辭典》。台北市：東華。

張美惠譯（1996）。Goleman, D.著。《EQ》。台北市：時報。

張美惠譯（2006）。Goleman, D.著。《EQ十周年紀念版》。台北市：時報。

張美惠譯（2011）。Tom Rath & Donald O. Clifton著。《你的桶子有多滿？》。台北市：商周。

張國儀譯（2006）。Joachim de Posada & Ellen Singer著。《先別急著吃棉花糖》。台北市：方智。

莊安祺譯（2012）。Will Bowen著。《祝你今年快樂》。台北市：時報。

郭宣嘆、簡慧珍（2016）。〈隱忍家暴7年，她雞湯下藥殺夫〉。《聯合報》，A11，2016/1/18。

郭政芬（2014）。〈張忠謀：台灣明星學校「傲氣沖天」〉。《聯合報》，A5，2014/6/25。

郭逸君（2014）。〈家人好憂鬱，我能做什麼？〉。《聯合報》，P3，2014/6/22。

陳志根等（2001）。《憂鬱症》。台北市：書泉。

陳佳伶譯（2002）。Nini Herman著。《不再害怕——性受虐者心靈療癒的動人故事》。台北市：張老師文化。

陳芳智譯（2003）。Shawn Talbott著。《輕鬆擺脫壓力：揭開腎上腺皮質醇的奧秘》。台北市：原水。

陳夢怡譯（2015）。Richard P. Brown & Patricia L. Gerbarg著。《呼吸的自癒力》。台北市：康健。

陳維鈞、蔡容喬（2016）。〈時髦婦拎著LV偷軟糖，淚說抒壓〉。《聯合報》，A8，2016/1/27。

陳儀莊、李根芳譯（1995）。Peter D. Kramer著。《神奇百憂解》。台北市：張老師文化。

陳豐偉（2015）。〈動不動就暴怒，你有「間歇暴躁症」？〉。《聯合報》，P12，2015/4/19。

陳鵲蓮、王瑞璋（2004）。〈感謝自身殘障，劉銘：樂觀者永遠有路可走〉。PChome Online個人新聞台，http://mypaper.pchome.com.tw/jac550112/post/1273380504/

陶福媛、鄭朝陽（2008）。〈陶傳正、陳立恆，大老闆玩出名堂〉。《聯合報》，A12，2008/8/11。

陸洛等譯（2007）。《社會心理學》。台北市：心理。

創意力編譯組譯（1997）。春山茂雄著。《腦內革命2》。台北市：創意力。

勞委會職訓局（2012）。〈名人談就業——歸零學習，吳寶春的灰姑娘哲學〉。

華視新聞（2009）。〈高中情侶七夕疑殉情，雙亡〉，http://news.cts.com.tw/cts/society/200908/200908280308548.html#.WS--YhEcSP8

馮靖惠（2016）。〈留學生變少，家長：出國太辛苦，念台成清交就好〉。《聯合報》，AA，2016/2/25。

黃文彥（2012）。〈不爽，也是一種病？〉。《聯合報》，D2，2012/7/26。

黃立翔、李穎（2009）。〈作弊被逮，高一生跳樓慘死〉。《自由時報》，2009/1/16，http://news.ltn.com.tw/news/society/paper/273827

黃孝如譯（2014）。Christopher Cortman & Harold Shinitzky著。《心靈療癒自助手冊》。台北市：天下文化。

黃宣翰、熊迺群（2012）。〈出遊吵架，夫妻跳河雙亡，留下小兄妹〉。《聯合報》，A11，2012/6/25。

黃惠惠（2002）。《情緒與壓力管理》，台北市：張老師文化。

楊芷菱譯（2002）。Greg Anderson著。《抗癌無懼，活得更好》。台北市：張老師文化。

楊軍、楊明譯（2001）。Robert T. Kiyosaki & Sharon L. Lechter著。《富爸爸，窮爸爸》。台北市：高寶。

楊淑智譯（2001）。Chrustopher Lukas & Henry M. Seiden著。《難以承受的告別——自殺者親友的哀傷旅程》。台北市：心靈工坊。

楊淑智譯（2006）。Travis Bradberry & Jean Greaves著。《EQ關鍵報告》。台北市：天下文化。

楊惠君（2015）。〈張忠謀：20歲到84歲，天天養生秘訣〉。《康健雜誌》，9月。

聖嚴法師（1998）。〈禪與心靈環保〉。《師友月刊》，11月。

葉心怡編譯（2008）。〈研究：靜坐可有效抑制壓力基因〉。《大紀元》，7月28日訊。

董俞佳（2015）。〈兒盟調查：愈常跟爸媽吃飯，孩子愈幸福〉。《聯合報》，AA，2015/4/4。

詹建富（2010）。〈你睡夠嗎？睡眠債容易欠很難還〉。《聯合報》，

AA3，2010/2/23。

賈寶楠（2010）。〈無髮逾十年，女警坦然，真貌示人〉。《聯合報》，A8，2010/7/27。

鄒欣元譯（2010）。Edmund Bourne著。《這樣過活，焦慮自然消失》。台北市：大寫。

雷光涵（2010）。〈101登高賽，94歲彭宏年6度參賽〉。《聯合報》，2010/4/29。

趙敏夙（2010）。〈2010世界麵包冠軍在台灣，吳寶春的麵包人生〉，http://www.s8088.com/thread-217922-1-1.html

劉秀芳（2010）。〈罕病忍痛學習，校園勇士不流淚〉。《聯合報》，A15，2010/6/20。

劉真如譯（2002）。Peter F. Drucker著。《下一個社會》。台北市：商周。

劉銘（2010）。〈打破魔咒／我多活了20年〉。《聯合報》，2010/7/23。

歐陽端端譯（2013）。Goleman, D.著。《情緒競爭力UP》。台北市：時報。

蔡容喬（2014）。〈12種快樂食物遠離低潮〉。《聯合報》，P4，2014/4/13。

蔡繼光編譯（2007）。〈同一教室21人遭濫射，四人裝死保命〉。《聯合報》，A3，2007/4/18。

鄭涵文、黃文彥（2014）。〈交感神經衝過頭，身體吃不消〉。《聯合報》，P2，2014/4/13。

盧世偉（2010）。〈睡眠債欠多少〉。《聯合報》，D2，2010/2/2。

盧禮賓（2003）。〈情侶嘔氣，飛車追逐，男死女傷〉。《聯合報》，A8，2003/9/10。

賴佑維、陳俊智（2015）。〈扯！火爆媽把3月娃丟大池〉。《聯合報》，A12，2015/6/11。

戴爾．卡耐基（2015）。《別讓憂慮謀殺你自己》。新北市：布拉格文創。

聯合報系民意調查中心（2014）。〈貧富差距，5世代共同的痛〉。《聯合報》，A4，2014/8/29。
謝明憲譯（2007）。Rhonda Byrne著。《祕密》。台北市：方智。
謝琬湞譯（2014）。Bernardo Stamateas著。《毒型情緒》。台北市：方智。
韓沁林譯（2015）。Rick Hanson著。《大腦快樂工程》。台北市：遠見天下。
韓德彥（2002）。〈憂鬱時避免重大決策〉。《聯合報》，第36版，2002/8/26。

二、人際溝通部分

王以仁（2007）。《人際關係與溝通》。新北市：心理。
王淑俐（2017）。《人際關係與溝通》。台北市：三民。
王淑俐（2017）。《人際關係與溝通》。台北市：三民。
何坤龍等著（2005）。《溝通與協商》。台北市：新陸。
何國華（2005）。《人際溝通》。台北市：五南。
林仁和（2002）。《人際溝通》。台北市：洪葉。
林欽榮（2002）。《人際關係與溝通》。新北市：揚智。
洪英正、錢玉芬編譯（2003）。Joseph A. Devito著。《人際溝通》。台北市：學富。
胡愈寧等編著（2009）。《溝通與表達》。台北市：華立。
夏荷立譯（2010）。Tonya Reiman著。《身體不會說謊》。台北市：高寶。
徐西森等（2004）。《人際關係的理論與實務》。新北市：心理。
徐振遠（2017）。《說話訓練班》。新北市：大拓。
高仁君、夏心怡譯（2004）。David Heenan著。《雙料生涯》。台北市：藍鯨。
張德聰、曾端真、王淑俐（1996）。《人際溝通的藝術》。台北市：空大。
陳皎眉、鍾思嘉（1996）。《人際關係》。台北市：幼獅。
陳皎眉等編著（2002）。《人際關係與溝通》。台北市：大中國。

陳皎眉（2012）。《人際關係與人際溝通》。台北市：雙葉。
曾端真、曾玲珉譯（1996）。Rudolph F. Verderber & Kathleen S. Verderber著。《人際關係與溝通》。新北市：揚智。
游梓翔（1999）。《演講學原理》。台北市：五南。
游梓翔等譯（2012）。Julia T. Wood著。《人際關係與溝通技巧》。台北市：雙葉。
黃玲媚等譯（2007）。Kathleen S. Verderber, Rudolph F. Vwedwebwe & Cynthia Berryman-Fink著。《人際關係與溝通》。台北市：前程。
黃培鈺（2007）。《人際關係與溝通》。台北市：新文京。
溝通達人工作室（2007）。《圖解卡內基人際溝通》。台北市：商周。
管秋雄（2007）。《人際關係與溝通》。台北市：華立。
劉曉嵐、陳雅萍等譯（2004）。Ronald B. Adler & Neil Towne著。《人際溝通》。台北市：洪葉。
劉蘊芳譯（2001）。Arthur P. Ciaramicoli & Katherine Ketcham著。《這才是溝通》。台北市：方智。
鄭佩芬編著（2003）。《人際關係與溝通技巧》。台北市：揚智。
鄭佩芬等（2008）。《人際關係與溝通技巧》。台北市：揚智。
盧蓓恩譯（1999）。Daniel J. Canary & Michael J. Cody著。《人際關係——目標本位取向》。台北市：五南。
羅宗陽（2010）。《絕妙才子紀曉嵐》。台北市：國際村。
鶴斐（2007）。《不要一個人吃飯》。新北市：菁品。

心理學叢書 59

情緒管理與人際溝通

作　　者／胡興梅、王淑俐
出 版 者／揚智文化事業股份有限公司
發 行 人／葉忠賢
總 編 輯／閻富萍
特約執編／鄭美珠
地　　址／新北市深坑區北深路三段 260 號 8 樓
電　　話／02-8662-6826
傳　　真／02-2664-7633
網　　址／http://www.ycrc.com.tw
E-mail ／service@ycrc.com.tw
ISBN ／978-986-298-284-6
初版一刷／2018 年 2 月
定　　價／新台幣 350 元

國家圖書館出版品預行編目（CIP）資料

情緒管理與人際溝通 / 胡興梅, 王淑俐著. --
初版. -- 新北市 : 揚智文化, 2018.02
面； 公分. --（心理學叢書 ; 59）

ISBN 978-986-298-284-6（平裝）

1.情緒管理 2.人際傳播

176.52 107001659

Note...

Note...